管理类研究生教育改革与质量提升系列丛书

丛 书 主 编◎杨　治
丛书副主编◎王海军　戴　鑫

学术型研究生
学位论文写作指南

◎主　编　崔南方

科 学 出 版 社
北　京

内 容 简 介

本书介绍了管理学学术型研究生学位论文的写作方法与规范，介绍了学位论文撰写的基本要求，阐述了论文选题方法和开题报告撰写的要求，强调了各专业论文选题的要点和方向；介绍了几种典型的管理研究方法，分析了研究方法创新的模式；详细讨论了学位论文各部分内容的写法，强调了论文核心章节之间和每个核心章节内部的逻辑结构设计、理论贡献与管理启示及创新点的写法；介绍了学位论文图表、公式以及参考文献的撰写规范与要求；还讨论了学位论文写作伦理；同时书中穿插了大量的示例。

本书可供管理学院和商学院管理类学术型博士和硕士研究生、本科生以及相关专业的教师参考。

图书在版编目（CIP）数据

学术型研究生学位论文写作指南 / 崔南方主编. —北京：科学出版社，2024.4

（管理类研究生教育改革与质量提升系列丛书）

ISBN 978-7-03-076401-0

Ⅰ. ①学… Ⅱ. ①崔… Ⅲ. ①研究生－学位论文－写作－指南 Ⅳ. ①G643.8-62

中国国家版本馆 CIP 数据核字（2023）第 178681 号

责任编辑：方小丽 / 责任校对：贾娜娜
责任印制：赵 博 / 封面设计：有道设计

科学出版社出版
北京东黄城根北街 16 号
邮政编码：100717
http://www.sciencep.com
北京市金木堂数码科技有限公司印刷
科学出版社发行 各地新华书店经销
*
2024 年 4 月第 一 版 开本：787×1092 1/16
2024 年11月第二次印刷 印张：10 1/2
字数：249 000

定价：48.00 元

（如有印装质量问题，我社负责调换）

《学术型研究生学位论文写作指南》
编　写　组

主　编　崔南方

副主编　胡　斌

参　编　吴庆华　张　婧　袁晓东

王海江　郑　璐

丛书序言

习近平同志在党的二十大报告中指出："实施科教兴国战略，强化现代化建设人才支撑"，"教育、科技、人才是全面建设社会主义现代化国家的基础性、战略性支撑"。研究生教育肩负着高层次人才培养和创新创造的重要使命，是"全面提高人才自主培养质量，着力造就拔尖创新人才，聚天下英才而用之"的重要抓手，是国家发展、社会进步的重要基石，是应对全球人才竞争的基础布局。

造就拔尖创新人才要坚持质量为先、创新为要。《教育部 国家发展改革委 财政部关于加快新时代研究生教育改革发展的意见》（教研〔2020〕9 号）也指出，我国新时代的研究生教育改革，"以习近平新时代中国特色社会主义思想为指导，全面贯彻党的教育方针，坚定走内涵式发展道路，以立德树人、服务需求、提高质量、追求卓越为主线，面向世界科技竞争最前沿，面向经济社会发展主战场，面向人民群众新需求，面向国家治理大战略，瞄准科技前沿和关键领域，深入推进学科专业调整，提升导师队伍水平，完善人才培养体系，推进研究生教育治理体系和治理能力现代化，引导研究生培养单位办出特色、办出水平"。

研究生教育质量的提升，需要在培养条件（经费、教学资料、教学及实验设施、实践基地等）、招生选拔（录取制度、生源结构等）、培养方案、教学计划（大纲）、课程教学（课程设置、教学方案、课程资源、教学形式）、实践教学、学位论文、合作交流、职业发展服务、质量监控与持续改进机制等各个环节上付出努力。

管理类专业的研究生教育质量的提升，也是如此。为此，我们在学校研究生院等相关部门和院系的支持下，组织专业教师一方面积极探索提升研究生教育质量的方法路径，另一方面不断思考总结教育教学实践过程中的经验教训和方法工具。本套丛书，就是我们总结思考的阶段性成果之一。

英国学者迈克尔·吉本斯等在《知识生产的新模式：当代社会科学与研究的动力学》一书中，提出并比较了两类知识生产模式。传统的知识生产模式 1，旨在以一个单一的术语来概括知识生产所必需的认知和社会规范，知识主要限定于学术共同体中，是一种传统的科学研究模式，也是学术型研究生培养的基础。知识生产模式 2，是发生于应用情境，以解决特定问题为目标，具有跨学科性质的知识生产方式，强调基础与应用、理论与实践之间的不断交互以及科学与社会之间的紧密联结，是专业型学位研究生培养的基础。因此，两类研究生群体的教育质量的提升在使命、定位、目标、路径、方法等方面表现出一定的差异性。

为与上述两类研究生群体相适应，本套丛书覆盖了培养方案、课程教学、实践教学、学位论文等方面主题。第一批出版的是针对学术型研究生和专业学位研究生两类论文写作指南，分别是《学术型研究生学位论文写作指南》和《硕士专业学位研究生学位论文写作指南》。在两本指南的写作过程中，华中科技大学管理学院院长杨治教授、分管学术型研究生工作的王海军副院长和分管专业学位研究生工作的戴鑫副院长负责整体规划指导，华中科技大学管理学院崔南方教授牵头，胡斌教授和郭炜教授分别负责两本指南的初步统稿，赵学锋教授、吴庆华教授、张婧教授、袁晓东教授、汪宜霞副教授、王海江副教授、郑璐副教授参与执笔撰写，各研究生培养项目教学指导委员会、专业学位项目培养质量监督委员会、研究生教学质量委员会，以及管理科学与工程、工商管理学位评定分委员会等的委员参与全程讨论审议。在此一并表示感谢。

杨　治

2023 年 3 月

前　言

学位论文是论文作者为获得某种学位而撰写的研究报告或科学论文。完成学位论文工作必须按照学术规范开展科学研究、撰写学位论文，这一过程对于培养学生的科研能力、科学精神和综合应用能力至关重要。目前，许多学生在学位论文选题的把握、研究方法的选择以及写作的基本逻辑与规范等方面存在一些共性问题。为此，我们针对工商管理和管理科学与工程两个专业的学术型博士和硕士研究生、本科生，编写了《学术型研究生学位论文写作指南》一书，旨在为他们撰写学位论文提供系统引导，进而达到提升研究生和本科生培养质量和写作水平的目的。

作为一本面向管理学科学生的学位论文写作指南，本指南从论文选题、研究方法、写作方法与规范等多个角度介绍学位论文写作的一般性策略，并提供了大量简洁实用的写作技巧，旨在帮助学生顺利完成学位论文撰写工作。本书主要包括三大部分。第一部分（第 1 章、第 2 章）系统阐述了学位论文写作的基本要求以及论文选题和开题的基本原则，并分不同专业详细介绍选题范围和选题示例。第二部分（第 3 章、第 4 章）主要讲解学位论文写作的基本研究方法和写作框架，包括论文题目、摘要、主体（包括研究背景与意义、研究内容与方法、国内外研究进展、模型或方法的局限性分析、理论贡献与管理启示、创新点、总结与展望等）以及结尾部分的写法和逻辑结构，并分不同专业进行案例分析。第三部分（第 5 章、第 6 章）内容为学位论文写作的规范，重点阐述了学位论文写作的总体要求，图表、公式和参考文献的撰写规范与要求，以及学位论文中涉及的写作伦理问题等。本书穿插了大量写作案例，用于阐述写作方法及写作规范，这对于指导学生撰写学位论文具有很强的针对性和实用性。

本书的编写是在华中科技大学管理学院提升研究生教育质量的背景下进行的，得到了管理学院领导班子的有力支持，组建了以崔南方、胡斌、吴庆华、张婧、袁晓东、王海江、郑璐七位作者为主体的编写小组。第 1 章由吴庆华编写，第 2 章由王海江和吴庆华编写，第 3 章由胡斌编写，第 4 章由郑璐编写，第 5 章由张婧和崔南方编写，第 6 章由袁晓东编写。李安泰参与了 3.3 节的编写。胡斌负责全书统稿。

本书是编写组结合多年指导学生撰写学位论文的经历而完成的一本学位论文写作学术规范和注意事项的参考指南。感谢华中科技大学管理学院学位审议委员会各位老师对本书提出的修改意见。本书编写还参考了《华中科技大学硕士博士学位论文评审规定》(校研〔2019〕10 号)等文件，引用了管理学院部分已毕业博士生的学位论文。在编写过程中，本书还参考了国内外相关书籍和文献资料，并已尽量详细地在参考文献中列出，如有疏忽遗漏，在此表达万分歉意。

由于编者水平有限，书中难免有不足之处，敬请读者批评指正。

华中科技大学管理学院
《学术型研究生学位论文写作指南》编写组
2024 年 1 月

目 录

第1章 绪 论

1.1 引 言

梁启超在《学与术》一文中写道："学也者，观察事物而发明其真理者也；术也者，取所发明之真理而致诸用者也"。"学"指的是学问，"术"指的是技术，学术的旨趣就在于探究和发现事物的规律。学术，其实就是指专门的学问。对专门的、有系统的学问进行深入探讨，就是学术研究。学术研究有了成果，把它写成论文，就是学术论文，而学位论文应归类到学术论文的范畴中。因此，学位论文，就其功能来说，是为了申请学位（学士、硕士、博士）而写的论文；就其性质来说，属于学术论文。

学位论文是作者攻读学位期间的研究成果的总结，是衡量作者是否达到学位要求水平的重要依据。同时，学位论文也是反映学历教育水平的学术作品，学校图书馆、国家图书馆将作为学术资料长期保存，供同行学者、后续研究者查阅和参考。因此，要求学位论文文字正确，语言通顺，数据可靠，表述清晰，图、表、公式、单位等符合规范要求。

本章首先介绍撰写这本面向管理学领域博士生、硕士生和本科生的学位论文写作指南的必要性，接着阐述本指南的内容安排，最后介绍如何使用这本指南。

1.2 必要性分析

学位论文是表明作者从事科学研究取得创造性的成果或有了新的见解，并以此为内容撰写而成、作为申请授予相应的学位时评审用的学术论文。撰写学位论文是研究生培养的主要环节，对学生本人来说，是一种创造性的过程，也是一种综合能力的训练过程。因此，撰写学位论文不仅具有必要性，而且其重要性也不言而喻。

首先，学位论文是学位申请人获得学位的必要条件。学位是对学生在学习期间学习成果的肯定，很大程度上也是学生未来职业发展的门槛。而获得学位的必要条件之一，就是要撰写合格的学位论文。所以，学生撰写学位论文的直接目的就是获得学位。

其次，学位论文是评判学位申请人学术水平的主要依据。学位论文是学生在读期间独立完成的研究成果，既是对学生在学期间所获研究结果的全面总结，也是对其研究工作的深化与升华。学位论文不仅反映了学生对基础理论和专业技能的掌握情况，还体现其所掌握的研究领域，特别是所研究方向的最新研究成果的情况。

最后，撰写学位论文可以提升自身的科学思维水平和科学研究能力。撰写学位论文是一个发现问题、分析问题、解决问题的整体过程，写作过程可以提高学生提出问题和解决问题的能力，也体现了作者的学术水平、动手能力、科学精神。完成学位论文必须查阅大量文献资料，这可以提升学生对信息的搜集和处理能力。通过学位论文的写作，学生可以接触某个领域的科研问题，熟悉专业问题，加深对知识的理解，锻炼运用知识的能力。另外，学生通过和导师、同学等的交流，历经各种监督和答辩环节，可以学到严谨的工作方法，形成良好的学术道德，培养认真负责的工作态度，养成团队合作的习惯。

我们希望同学们按照要求，在确保学术内容准确可靠的同时，严格遵守学位论文的写作规范，体现精益求精的治学态度，保证学位论文的质量。然而，在管理学领域，目前缺乏在统一框架下同时针对学士、硕士和博士学位论文写作的指导性规范，这也是我们编写本指南的主要原因。

1.3 本指南的内容构成

本指南第 2 章介绍论文的选题原则，并从工商管理专业、管理科学与工程专业等分别进行选题要点阐述。第 3 章从不同专业角度重点介绍论文写作中的研究方法。第 4 章从论文的框架入手进行介绍，包括论文前置部分、主体部分、结尾部分。其中，对于学位论文的每个组成部分都进行了详尽的介绍，并通过示例让学生对学位论文撰写有更深入的认识。第 5 章介绍学位论文写作规范，包括总体要求、参考文献的撰写规范与要求以及图、表、公式的格式要求等。第 6 章介绍学位论文写作伦理，重点讲解负责任的科研行为和学术不端行为，并给出了写作伦理自我评价表。

区别于其他学位论文撰写规范，本指南不仅包括必要的学术规范、基本论文排版和如何开展学位论文工作与写作的知识和建议，还包含必要的从宏观到微观的写作知识，专业涵盖管理学领域的各专业。虽然学士、硕士和博士的学位论文工作的贡献程度和学术水准有较大差异，但写作上有相似的要求，即都需要遵循严密的逻辑，采用规范的论文结构，并符合学术规范。因此，本指南面向的学生包括博士生、硕士生和本科生，希望为其提供行之有效的写作方法规范，培养管理学领域学生学位论文写作的基本能力。

1.4 如何面对本指南

在开始选题工作前，建议学生阅读第 2 章论文选题部分，只有对学位论文选题的要求和规范了然于心，才不会在进行选题工作时不知所措。

选题工作结束后，可通过本指南第 3 章、第 4 章了解学位论文的研究方法、写作基本步骤和结构以及所应遵循的一些规范。本书的写作目的就在于讲清楚学位论文写作的基本规律和基本知识，学生只有清楚地了解这些内容后，在写作时才可以避免走弯路。当写作产生困惑时，建议参考第 3 章、第 4 章中例子的方式进行撰写，专注于内容，而不是宏观布局。

最后，建议学生通过本指南第 5 章、第 6 章介绍的版面格式要求进行论文排版和完善，并注意严格遵守学术写作伦理，不要出现学术不端的科研行为。

本指南主要针对的是管理学领域学位论文撰写，其中包含了很多与论文撰写相关的特殊写作要求，不仅在本科生、硕士生和博士生写作学位论文时可供参考，其学术规范与写作的基本元素也可以在作业、学术报告和期刊论文写作时借鉴参考。

1.5 学位论文撰写基本要求

首先，学位论文必须是一篇（或由一组论文组成的）系统的、完整的学术论文，是学位申请者本人在导师的指导下独立完成的研究成果。需要指出的是，论文不得抄袭和剽窃他人成果。学位论文的学术观点必须明确，且要立论正确、推理严谨、数据可靠、层次分明、文字通畅。其中，学士学位论文要求学生在掌握本学科基本知识的基础上，具有专业要求的基本能力；硕士学位论文应体现学生具有从事本学科科学研究工作的能力，展示其对研究课题新的见解；博士学位论文应表明学生已在本学科上掌握坚实丰富的基础理论和系统深入的专门知识，具有独立从事科学研究工作的能力，论文取得了一定的创新性成果。

其次，学士学位论文字数一般不少于 1.5 万字，参考文献阅读量不少于 20 篇，其中外文文献至少应占 1/5；硕士学位论文字数一般不少于 3 万字，参考文献阅读量不少于 40 篇，其中外文文献至少应占 1/3；博士学位论文字数一般为 8 万～10 万字，文献阅读量不少于 100 篇，其中外文文献至少应占 2/3。

最后，学位论文中使用的术语、符号、代号必须全文统一并符合规范化要求。计量单位一律采用国务院发布的《中华人民共和国法定计量单位》。图、表应有“自明性”，即只看图、表内容，不阅读正文，就可理解图意、表意。图、表应有图号、表号和图题、表题（图、表的名称）。引用图应在图题右上角标出文献来源。曲线图的纵横坐标必须标注“量、标准规定符号、单位”，此三者只有在不必要标明（如无量纲等）的情况下方可省略。照片图要求主题和主要显示部分的轮廓鲜明，便于制版，照片上应有表示目的物尺寸的标度。绘图必须工整、清楚、规范。

第2章　论文选题

2.1　选题原则

选题是学位论文工作的首要环节，选题的好坏不仅决定着论文质量的高低，也在很大程度上决定着论文作者能否顺利完成论文。因此，选题是学位论文写作的重要环节，论文作者必须高度重视论文选题工作。选题是一件比较费神的工作，需要花费大量的时间和精力，要想确定一个好的选题，需要遵循以下原则。

（1）时代性。选题应符合当代现实，应来自实践与理论的矛盾。例如，在实践中遇到的新问题，用原有理论难以解决，便可构成新课题。

（2）专业性。选题应符合学科下属各专业培养目标，能较好地综合运用专业理论和知识。

（3）理论性。选题应有一定的难度，在学术方面具有开拓性，在应用方面具有先进性，使研究课题具有较高的理论意义、学术水平和实践价值。

（4）实践性。选题应密切联系实际，力求解决当前研究工作中一些急需解决的难点、重点问题，并尽量结合导师承担的科研项目，对当前研究起到指导和推动作用，争取具有较好的社会效益。

（5）可行性。选题力求从小处着眼，研究对象要明确具体，不能太宽泛，不能太宏观，在时间安排上留有余量，确保在预定时间内完成研究任务。另外，选题要有足够的数据和资料的支撑，应在确定选题前先评估数据搜集和资料查找的难度。

在遵循以上原则的基础上，就可以开始选题工作了。

1）确定选题来源

首先，选题可以源于自己的工作实践和对管理问题的思考。在日常生活与工作中，应多关注与管理相关的热点问题，并思考这些热点对于管理工作的启示。从实践中发现问题、提出问题，才能更好地将管理问题与理论结合起来，进而选择一个好的研究问题，确定一个好的选题。其次，选题可以源于与他人的沟通。要与导师积极沟通，在确定初步想法后，应主动联系导师交流，避免走弯路。还应当与同学们多交流，达到集思广益的效果。最后，选题可以源于对文献资料的阅读。阅读文献可以帮助学生了解在其感兴趣的领域中其他人的研究内容，从而找到值得参考的文献，最终将其与管理实践相结合确定选题。

2）确定研究的问题

具体的选题方向可以再进行细分，相关内容介绍如下。

（1）提出新理论、新方法。

（2）对原有的理论、方法进行改进，包括：①发展已有的理论、方法；②引入其他学科的理念、思路，改进现有理论、方法；③根据具体研究对象，改进现有理论、方法。

（3）新问题，从未研究过的问题。

（4）老问题，新特征。老问题的新内涵、新特征还没有人研究过。

（5）老问题，新对象。比如一个问题，有研究者使用美国的数据研究过，有过结论，但尚未有研究者使用中国的数据研究过，针对中国实际还没有明确的结论。

（6）老问题，但结论有误。

确定研究的问题是一个不断聚焦的过程。首先，应确定研究的主体，也就是研究的范围。如果研究主要方向是提出新的或完善目前的理论，那么研究工作应当围绕方法、模型来进行；如果研究主要方向是强调管理意义，进而给出管理启示，那么研究工作应当围绕企事业单位，即研究主体存在的具体问题，然后运用管理理论与方法展开研究。其次，确定研究的领域。比如，管理科学与工程专业下的物流管理领域。同时，还应结合自己的专业来进行选择，尽量避免研究不熟悉的专业方向。最后，要提炼研究的问题。在确定的研究领域下，找到该领域目前存在的难点问题，如电商物流中面临的集中配送环境下的电商车辆实时调度问题与算法设计。

3）确定研究方法

管理学科的研究方法有很多，包括实证研究法、对比分析法、线性回归法、归纳演绎法、数理分析法等。同学们应当针对选题和拟要解决的具体问题，根据研究目的，选择先进、实用、可行的方法。

4）确定论文题目和论文框架

论文的题目和框架都应在选题阶段进行确定。论文的题目应以恰当、简明的词语，概括整篇论文最重要的内容，统领全篇论文。论文的框架就是学位论文的结构，也是论文写作的提纲。一篇优秀的学位论文结构应该围绕选题安排，清楚展示各章节间的内在逻辑。

以上就是确定论文选题的四个步骤。下文主要介绍各专业的选题要点。

2.2　工商管理专业

2.2.1　选题要点

选题是撰写学位论文的第一步，旨在确定论文的范围和具体研究方向。工商管理专业的学位论文往往涉及使用实证方法（定性方法和定量方法），探讨和研究具有理论创新和实践价值的课题。在选题时，不仅要考虑选题的理论创新和实践价值，还要考虑研究课题的可行性。作为整个过程的开端，选题做得好与坏将直接影响后续的内容撰写得好与坏。

1）理论创新

工商管理专业方向的学位论文要基于具体的理论框架提出自己的研究问题。理论创新性可以体现在如下方面：①提出新的管理理论；②完善旧的管理理论；③将其他学科领域的理论引入工商管理领域。理论创新需要建立在大量文献阅读的基础上，总结现有理论和研究的不足或者现有理论和研究的空白点，从而提出具有创新性的理论和研究主题。值得注意的是，选题不能仅仅基于“这个研究之前没有人做过”“没有学者将这些变量放在一起进行研究”“没有学者关注过这个现象”等理由，因为这些说法未必体现的是理论创新性。

2）实践价值

工商管理专业方向的选题一定要紧密结合新现象和新时代特点，选题要能够结合实践中出现的新问题，只有这样的研究才具有较高的实践价值。同学们要成为生活的观察者，关注时事新闻，关注未来的变化和发展趋势，也可以到企业中去观察管理实践，多与实践人员交流，了解不同公司存在的不同问题，从这些观察中获得启发。选题不能过于陈旧、过时，那样的选题既不符合现在的管理实践，也没有太大的研究意义，故没有深入研究的必要。

3）研究可行性

选题要从实际出发，实事求是，量力而行。具体来说，研究对象的范围不能过大，如“中国企业”“中国人”。选题过大会造成如下问题：①难以将问题研究透彻；②没有合适的实证研究方法。在确定理论创新和实践价值的基础上，选题既要充分考虑主观条件，如自己的知识、科研能力、实证方法的掌握程度等方面，还要兼顾客观条件，如样本和数据来源的可行性、导师在具体课题上的指导能力等方面。需要注意的是，同学们要熟练掌握实证研究方法，因为研究方法是确保课题能够完成的必要条件。例如，掌握了中介效应的分析方法，才能选择关于具体管理现象的影响机制的研究课题；掌握了实验法，才能选择关于不同变量之间因果关系的研究课题；掌握了定性研究方法，才能选择针对新的管理理论和管理现象进行探索与总结的研究课题。

学位论文的选题可以有以下几种不同的来源。

（1）从导师的专长和研究领域中挖掘选题。可以根据导师擅长的研究领域，并结合同学们自己的兴趣进行选择。

（2）从管理实践中挖掘选题。研究当下存在的管理实践问题，并针对管理实践问题提出解决方法。在选题之前，同学们需要了解国家政策和重大需求，了解企业的实践运营情况和常见的管理问题，通过多与不同的从业人员交流，或通过对具体管理策略进行实践调查，挖掘可行的研究选题。

（3）从研究文献中挖掘选题。通过大量相关领域的文献阅读，找到研究切入点，挖掘论文选题。同学们需要阅读足够的文献，尤其是在国内外顶尖期刊发表的论文，了解最前沿的学术热点，掌握不同的管理理论，并发掘前人未涉及的研究角度，挖掘具有创新性的研究主题。

2.2.2 选题的方向

工商管理学科是一门以社会微观经济组织为研究对象，系统地研究其管理活动的普遍规律和应用方法的学科。具体来说，工商管理学科以企业或经济组织的管理问题为研究对象，以经济学和行为科学为主要理论基础，以定量和定性分析方法为主要研究手段，探讨和研究企业或经济组织各项管理行为和管理决策的形成过程、特征和相互关系，以及企业作为一个整体与外部环境之间的相互联系，并从中探索、归纳和总结出旨在获得成效、提高效率的一般理论、规律和方法。工商管理学科的研究目的是为企业或经济组织的管理决策和管理实践活动提供理论指导与科学依据，培养各类专业管理人才，提高企业经营管理效率，推动企业持续发展，从而促进社会经济的高质量发展。

工商管理学科的研究对象主要是企业的经营管理活动，如活动的效率、效果以及与此相关的各类问题。这些问题大致包括公司治理、生产运营、物流配送、组织行为与人力资源、财务与会计、市场营销与品牌创建、管理信息系统与互联网技术应用、技术创新与管理、战略管理、服务管理等有关管理职能问题；企业产品或服务设计、采购、生产、运营、投资、理财、销售、战略发展等管理决策问题；企业作为一个整体与宏观社会、文化、政治、经济等外部环境之间的关系问题，以及企业创业、成长、危机及衰退等组织演进问题。

工商管理的专业方向和研究领域介绍如下。

1）人力资源管理

人力资源管理是以企业的人才资源为研究对象，研究人与群体及组织的组合与开发效能，促进人与组织共同发展的应用性学科。人力资源管理通过对人才规划与战略、职位分析与设计、能力建模与选任、职业发展与培训、薪酬激励与福利、绩效考核与评估、劳动关系以及高绩效工作系统等一系列环节的研究，形成吸引、留住与发展核心员工的有效策略与组织竞争优势，从而调动员工的积极性，为企业创造价值的学科。人力资源管理的主要研究方向包括：人力资源规划、职位分析、人员招聘与选拔、激励机制、绩效管理、薪酬管理、培训开发、职业生涯管理、员工关系管理和跨文化人力资源管理。近年来，数智化人力资源管理成为该学科新的研究课题。

2）组织行为学

组织行为学是一门交叉性的应用性学科，综合运用了心理学、社会学、人类学、经济学和政治学等多门学科的知识，在个体、群体和组织三个层次上研究组织情境中人的心理和行为的规律，并在此基础上，对组织情境下人的行为进行解释、预测、控制和引导，从而有效实现组织预期目标。组织行为学的主要研究方向包括：人格与个体差异、工作动机与工作态度、团队与沟通、领导力、组织学习和组织文化。另外，组织行为学的研究还包括从领导力和员工组织关系的理论视角探讨员工积极与消极的角色外行为，结合危机情境，并采用定性模拟等创新性研究方法，分析企业和谐劳动关系、增强员工安全感、获得感和幸福感等研究问题。

3）市场营销

市场营销是面向市场，以企业与市场关系为研究对象，探讨企业市场营销理念、机制和方法的应用性学科。市场营销主要研究现代市场营销导向、顾客价值与顾客满意、市场营销的战略与计划、市场与消费者购买行为分析、产品开发与决策、定价理论与方法、分销渠道设计与管理、整合营销沟通、市场营销绩效评价，以及营销领域的新发展。市场营销研究方向主要包括：消费者行为、全球营销、服务管理、网络营销、绿色营销、关系营销和创建品牌等方面。近年来，市场营销研究基于移动互联网和大数据带来的营销实践变革，从社会化媒体营销和全渠道购物等视角探讨消费行为新规律，考察消费者如何响应社会化媒体信息，以及消费者具有怎样的多渠道、跨屏购物行为新规律等研究问题。

4）战略管理

战略管理以企业未来发展为研究对象，探讨企业对未来发展的管理问题，侧重研究企业长远发展的方向、目标、机制和策略体系。战略管理研究具体包括：企业发展战略、企业国际化战略与竞争战略、产权重组与资本运营、企业发展生命周期与成长性分析、企业文化建设、企业品牌战略、物流与供应链管理战略、商业模式与盈利模式、企业经营与环境分析、垄断与反垄断、现代产业政策与分析、企业社会责任、企业公共政策、企业可持续发展等。另外，战略管理的研究还包括基于新的市场环境和企业战略实践，从网络结构和战略合作的视角探讨新形势下的企业战略变革，考察如何根据企业与供应商的网络结构特征提升国际业务绩效，以及如何从战略上实现与买卖双方的信息共享等研究问题。

5）创业与中小企业管理

创业与中小企业管理是以成长机会和策略为研究对象，重点研究个体、组织和产业层面上的创业活动过程、问题及创业规律的应用性学科。创业与中小企业管理在深入理解创业环境、不同层面的创业机会、资源整合、价值开发与实现的基础上，形成以价值创造为核心的管理模式。创业与中小企业管理的主要研究方向包括：创业环境、机会识别、机会开发、资源整合、创业融资、创业决策、创业营销、新业务开发、风险投资等。近年来，基于数智化升级、本土创新、创业与创造力等管理实践，创业与中小企业管理主要研究探讨如何提升企业尤其是创业企业的员工创造力和创新绩效，以及如何灵活有效应对环境不确定性等研究问题。

6）会计学

会计学是以确认、计量和报告为基本职能，收集、整理、披露和分析企业、政府或非营利组织有关经济活动的信息，从而有效反映、监督与控制其经济活动的管理学科。其目的是管理经济实体的财产和各项经济业务并参与经济决策，为投资者、政府及有关部门和内部管理部门提供相关的会计信息。研究方向以资本市场发展为背景，聚焦会计准则、信息披露、税收筹划等专题，研究微观资源如何进行有效配置，并对公司价值驱动因素和价值创造路径进行深层次分析，为资本市场良性运转和经济可持续发展提供相应政策建议。

7）财务管理

财务管理是以企业财务管理和决策问题为研究对象，以数理分析为主要研究手段，探讨和研究企业的财务绩效、财务政策、财务战略与财务安全的学科。财务管理的研究内容主要包括：投资决策、融资决策、资本结构、股利分配、营运资本管理、投资项目评价、价值评估与管理、风险管理、兼并与收购、财务信息与资本市场的关系、行为财务等。

8）知识产权管理

知识产权管理是以知识产权为研究对象，为组织实现特定目标科学决策或者行为选择提供参考和支持。在建设知识产权强国背景下，无论是政府部门还是创新企业，都面临着如何在兼顾企业利益和社会公共利益情况下做出科学决策。虽然研究者不能直接做出决策，但是研究者可以运用科学的研究方法，针对特定问题，呈现研究结果，为组织决策或者行为选择提供必要的支撑或者参考。

此外，华中科技大学管理学院设有“经济法学”硕士点，侧重“知识产权法”研究，在“国防知识产权”领域形成了特色研究方向。尽管知识产权管理与知识产权法的学位论文各有侧重，但都是围绕知识产权问题开展研究，具有高度的相关性。因此，“经济法学”专业的论文选题指南，可参考“知识产权管理”专业。

2.2.3 学士、硕士、博士学位论文的区别

学位论文都是为了对学生的研究能力进行一定的培养，这是一个循序渐进的过程。在遵循以上选题要点的基础上，学士、硕士和博士在学位论文选题方面也有一定的区别。值得注意的是，本科生论文选题的理论意义一般低于硕士和博士论文。著名数学家华罗庚先生比喻研究生导师和研究生的关系是：“导师负责给研究生指出兔子在哪里，并指导学生学会打兔子的本领。反之，研究生则是从导师那里了解到兔子的位置、大小、肥瘦，并采用从导师那里学到的打兔子本领擒获一只兔子。”下面我们以“打兔子”作为寓意，来区分学士、硕士和博士学位论文的选题区别。

1）学士学位论文选题

学士学位论文的选题，一般是来自导师指定的课题。学士学位论文的定位，相当于是导师给定一个具体的研究任务，本科生在导师的指导下完成这个研究任务。导师告诉本科生任务的目标是什么，具体该怎么做，本科生则只需要根据导师的要求开展研究工作。学士学位论文的完成过程旨在让学生掌握基本的理论框架、基本的研究方法和基本的写作能力，即具备基本的研究能力。从“打兔子”寓意来看，学士学位论文的完成，是导师指定某只兔子的类型和所处的位置，并明确告知捕获这只兔子的方式，本科生根据这些指示捕获这只兔子的过程。这一过程，需要本科生态度端正，听从导师的建议和指导，认真完成研究任务。

2）硕士学位论文选题

硕士学位论文的选题，一般是导师指定一个大致的研究方向，硕士生结合自己的研究兴趣和文献综述，明确具体的选题方向。因此，硕士学位论文的选题是在学生与导师充分协商的基础上确定的，学生要与导师多沟通、多讨论，确定哪个选题比较好。相比学士学位论文，硕士学位论文要求具有一定的理论创新性，但硕士学位论文的创新性不需要像博

士学位论文那样突出。硕士学位论文着重培养学生的自主研究能力。从“打兔子”寓意来看，硕士学位论文的完成，是导师与硕士生一起协商要打什么样的兔子，导师教导学生合适的捕获方法和技术，硕士生遵从导师的指导，使用所掌握的技术，捕获相应的兔子。

3）博士学位论文选题

博士学位论文的选题，往往是博士生自己通过阅读某个领域的大量文献了解学科前沿动态，通过大量思考，确定具体的研究选题，导师只是起到提意见和指明方向等辅助的作用。博士学位论文的选题具有“独立性”和“创新性”特点。其中，独立性体现为博士生需要自己探索，确定可行的研究主题；创新性体现为博士学位论文的选题强调要有显著的、突破性的创新，如探索人类尚不知道的知识。博士生在确定选题之后，也需要主动学习所需的研究知识和研究方法，合理利用可用的资源，独立完成博士学位论文。不同于在学士学位论文和硕士学位论文中导师起到的核心和关键作用，在博士学位论文完成过程中，导师较少提供全方位且主动的帮助，博士生需要多与导师交流，让导师了解自己的研究课题和想法，并为研究课题的完成提供必要的帮助。从“打兔子”寓意来看，博士学位论文的完成，是博士生需要通过环境、他人经验等线索判断是否存在活兔子，然后主动学习高级的捕获技术来捕获这只可能存在的兔子。

2.3 管理科学与工程专业

2.3.1 选题要点

管理科学与工程是综合运用系统科学、管理科学、数学、经济和行为科学及工程方法，结合信息技术研究解决社会、经济、工程等方面的管理问题的一门学科。论文选题应紧密结合管理理论与管理实践，侧重于研究现代生产、经营、科技、经济、社会等与发展相适应的管理问题，阐明和解释管理活动规律，发展管理的理论、方法、工具，提高管理的效率。管理科学与工程具有应用范围广、发展速度快和应用实践性强的特点。在学科性质上，与其他管理学科相比，其与工程科学、技术科学的关系密切，更强调数理方法的应用，有较强的综合性。随着信息技术的发展，管理科学与工程涉及的研究领域和应用也越来越广泛。近年来，管理科学与工程的研究越来越受到信息技术、经济一体化和知识经济的影响。加之信息技术的深远影响和国家的信息化战略，在企业信息化、决策支持系统和政府信息化等方向，管理科学与工程的研究应该和实践更紧密地结合，并期望产生重大的经济效益。

管理科学与工程的论文选题除了遵循选题的原则和基本步骤外，还应该注意应用系统、科学的步骤和方法，与时代热点和实践问题紧密结合，跟踪国际学术前沿，注重研究有针对性的理论方法与技术以及相关政策，找出人们所关心的有价值的管理科学问题的答案。

要了解前沿的学术研究热点，必须大量查阅国内外相关文献，了解已有的相关研究成果，尤其是要查阅国际管理科学领域主流期刊发表的论文，特别关注综述性文章和发出征集出版专刊的通知，关注国内外重要会议的主题。与此同时，必须了解国家相关政策和重大需求，了解政府或企业的实际情况，有必要的情况下可进行深入的实际调查分析。另外，查阅近年来批准资助的国家自然科学基金和国家社会科学基金项目，并了解获得基金项目的课题负责人的相关研究成果也是获得论文选题的一个重要途径。

此外，一个好的研究选题应具备一定的问题意识，即在具体和抽象之间建立联系，通过对日常生活中各种现象的观察，将其从抽象转化为科学问题的能力。比如，在“报童问题”的例子中，管理者可能会利用过往经验，通过对日常零售过程的观察，总结得到一个大致需求均值来确定采购数量。在科学研究中，可以把这一问题抽象化、参数化，并确定目标，即可优化获得最优采购数量。

实践中，论文写作者可以参考以下三种主要途径来确定研究的问题。

（1）通过对管理过程的观察，发现有趣、有价值的现象或问题，运用理论进行解决或解释，弥补前人未涉及的研究空白。例如，随着在线旅游预订平台的发展，越来越多的消费者开始从网上预订机票、酒店等。在这种背景下，许多酒店通过和平台合作的方式来扩大消费群体，消费者也可以在酒店自营网站和在线预订平台之间选择价低者进行付款。平台为了保证竞争力，采取补贴方式为消费者提供预订返现服务。在这种情况下，酒店和平台组成的在线供应链中存在着合作与竞争的问题，有学者针对该问题展开研究。这个问题便属于一个从管理过程的观察中发现的有趣且有价值的问题。

（2）通过观察，找到管理理论与现代管理实践发展存在差距的地方。时代的发展导致一些学术观点急需更新。例如，在仓储管理领域，传统研究结论是，分类存储中分类数目越多，仓库存取货物的运作效率就越高。但在现实生活中，管理者仅仅使用有限数量的分类（大多为 3 类），这一现象和传统研究结论并不符合。有研究者从这一角度出发，发现了传统研究中有悖于实际的研究假设，即存储空间与分类数量的多少无关。在修正这一假设的基础上，有学者研究并发现了分类数量的最优值，从理论上验证了实践的正确性，更新了旧的研究结论。

（3）管理理论的延伸。例如，多年来，研究者从未降低对“车辆路径问题”（vehicle routing problem，VRP）的关注度。车辆路径问题是一个 NP（non-deterministic polynomial，缩写 NP，非确定性多项式）难问题，在规模较大的情况下难以获得最优解。因此，研究者不断针对该类问题提出新的启发式算法或者优化整数规划算法来提高算法效率。另外，该模型还可以在特定场景下延伸，如增加时间窗约束、车辆优先级约束、车型约束、多运输中心约束、环保约束等。

2.3.2　选题的方向

下文从不同专业方向角度介绍其论文选题方面的特点。

1）供应链管理和物流管理

供应链管理和物流管理，是指以供应链核心产品或者核心业务为中心的管理体系。

前者主要是指以核心产品的制造、分销和原材料零部件供应为体系而组织起来的管理系统，如汽车制造、分销和原材料零部件的供应链管理与物流管理，也就是以汽车产品为中心的管理体系。后者主要是指以核心物流业务为体系而组织起来的管理系统，如第三方物流或者与配送、仓储、运输等业务相关的供应链管理和物流管理。

有效的供应链管理和物流管理研究可以帮助企业缩短现金周转时间，降低企业面临的风险，实现盈利增长及提供可预测收入。研究的最终目的是，提升客户的满意度，降低公司成本及实现企业流程的优化，因此研究选题首先应从目标和最终目的出发进行选择。供应链管理和物流管理的选题方向可以从供应链的各个环节，如采购管理、库存管理等视角进行研究；也可以从供应链管理理论入手进行选题，如供应链协同、数据分析、供应链一体化、决策支持系统等。

另外，供应链管理和物流管理研究的选题应紧密结合时代发展趋势。得益于信息技术的发展，供应链运营所产生的数据正在不断累积，其数量与复杂度都在迅速增长，这也给供应链管理带来了新的机遇与挑战。例如，探索从数据中提取有效信息的方法，能为供应链网络的设计提供决策支持，并为实际管理提供指导与启示，这也是供应链管理中比较热门的研究选题。

2）生产与运作管理

生产与运作管理的研究内容包括：生产组织工作，如选择厂址、布置工厂、组织生产线、实行劳动定额和劳动组织、设置生产管理系统等；生产计划工作，如编制生产计划、生产技术准备计划、生产作业计划等；生产控制工作，如控制生产进度、生产库存、生产质量和生产成本等；保证按期交付正常，即根据生产计划安排，保证客户产品交付正常等。生产与运作管理的任务有：对客户产品交付异常情况进行及时有效的处理；通过生产组织工作，按照企业目标的要求，设置技术上可行、经济上合算、物质技术条件和环境条件允许的生产系统；通过生产计划工作，制订生产系统优化运行的方案；通过生产控制工作，及时有效地调节企业生产过程内外部的各种关系，使生产系统的运行符合既定生产计划的要求，实现预期生产的品种、质量、产量、出产期限和生产成本的目标。生产管理的目的在于，做到投入少、产出多，取得最佳经济效益。生产与运作管理方向的学位论文选题应从生产与运作管理的研究内容、任务及管理目的出发，对生产运作过程中某些技术或系统进行优化研究，如采用数学规划、约束规划、智能优化算法等方法与技术，在生产管理系统、动态排产、面向订单生产、流程重组等方向进行研究。

随着信息化技术的发展及管理水平的不断提高，信息化管理已经成为制造企业生产管理的重要手段，梳理掌握生产环节、生产速度、生产质量及生产工人的工作绩效情况，并通过信息化技术手段可以大大提高制造企业的生产管理水平。因此，从信息化技术角度进行生产与运作管理选题已经成为当下的热门问题。

另外，产业政策对制造业产生的影响越来越大，生产运作管理的范围也在变大，产业政策对生产与运作管理的发展提出了新的要求，因此选题还应密切关注政府对经济活动的各项政策。

3）交通管理

交通管理的主要研究应从管理学、经济学、城市管理等方面的基本知识和技能出发，分析区域经济一体化、区域经济分工与协作、区域经济规划、区域经济结构调整、区域发展战略、区域内生产资源的优化配置和组合等问题，为区域经济和轨道交通行业（企业）的发展提供分析方法和策略。

交通管理学位论文应紧密结合国家建设交通强国的重大战略政策，围绕服务交通强国战略和地区经济发展等方面，从实际问题切入进行研究。交通管理的选题方向应结合热点，可从交通大数据、风险管理、系统开发、交通基础设施投资、公共交通技术投资、城市系统均衡、交通资源配置等角度，结合时代背景，以解决实际问题为目的进行研究。

4）运筹优化理论与方法、网络规划、统计物理学方法及应用（含动态网络分析）

运筹优化理论与方法、网络规划和统计物理学方法及应用的研究主要是运用数学方法研究各种系统的优化途径及方案，为决策者提供科学决策的依据。其主要研究对象是各种组织系统的管理问题及其生产经营活动中遇到的问题。近年来，运筹优化算法在日常生活和生产实践中具有广泛的应用。物联网、5G[①]、人工智能、数字孪生等科技的爆发式发展，推动了算力和算法的巨大进步，各行各业的数字化发展又带来了海量的数据，三者的日益融合逐渐形成了以“数据 + 算力 + 算法”为核心的智能制造技术体系，其中运筹优化算法作为这个技术体系的核心，数据的价值最终通过运筹优化算法得以体现（如降本增效）。此外，运筹优化算法在娱乐、教育、交通、安防、工业、物流、电商等众多行业和领域中发挥着不可或缺和无法替代的作用。

运筹优化理论与方法、网络规划、统计物理学方法及应用的选题应从优化理论（如组合优化、鲁棒优化、混合整数规划等）入手，运用科学的理论与方法解决实际管理过程中的问题，如定价问题、排班问题、调度问题、网络布局规划问题、设施选址问题等。

5）信息系统与信息管理、计算与仿真方法与应用

信息管理活动相比其他管理活动来说更具有针对性。其中，流程包括信息收集、传输、加工、存储，对象包括信息资源和信息活动。信息管理贯穿于整个管理过程，有其自身的管理，同时也支持着其他的管理活动。

计算与仿真方法与应用是一种定量分析方法。它通过建立某一过程或某一系统的模式，来描述某过程或某系统，然后用一系列有目的、有条件的计算机仿真实验来刻画系统的特征，从而得出数量指标，为决策者提供关于这一过程或系统的定量分析结果，作为决策的理论依据。

计算与仿真方法与应用的研究应以相似原理、信息技术、系统技术及相应领域的专业技术为基础，以计算机和各种物理效应设备为工具，利用系统模型对实际的或设想的系统进行试验研究。选题应从对现实系统的某一层次抽象属性的模仿入手，利用模型进行试验，从中得到所需要的信息，帮助决策者在解决该问题的过程中做出决策。

---

① 5th generation mobile communication technology，简称 5G，第五代移动通信技术。

在这个信息量迅速增长、信息处理和传播速度更快、信息的处理方式日益复杂的时代，信息管理所涉及的研究领域在不断扩大。总体来说，信息系统与信息管理、计算与仿真方法与应用方向的选题应着眼于信息的管理、传递和处理中的应用、相关软件和设备及其相互作用等方面。选题应从利用电子计算机和现代通信手段获取、传递、存储、处理、显示信息和分配信息的技术方面进行研究。应以现代信息技术为支撑，以信息系统发展为重点，运用国内外先进信息技术和管理方法解决诸如信息系统战略规划与运营管理、信息系统分析与设计、电子商务和电子政务、商务智能与知识管理、智慧城市与信息规划等方面的问题。

2.3.3 选题示例

以博士学位论文《基于改进回声状态网络的能源预测问题研究》为例进行完整的选题流程案例分析。

论文开篇即指出论文的选题来源为作者攻读博士学位期间其导师指导的国家自然科学基金面上项目和国家自然科学基金重点项目。接着，通过分析英国石油公司在2019年和2020年发布的《BP世界能源统计年鉴》以及中国在2020年发布的《新时代的中国能源革命》，发现能源消费量和碳排放量处于持续增长的状态，并且为了实现安全可靠的能源供应，许多国家都制定了以能源供应安全为核心和推进可再生能源发展的能源政策。随后，通过文献梳理、报告解读以及科研项目，深入理解了能源预测问题的复杂性，回声状态网络的理论基础和应用局限，以及混合预测模型在提高预测准确性和稳定性方面的潜在价值，进行了初步的选题——能源消费预测和风力发电预测。

确定选题后，作者进行了进一步的文献梳理，总结了针对能源消费预测现有的主要方法，并选择了主要研究ESN（Echo State Network，回声状态网络）在能源消费预测和风力发电预测问题中的应用，针对能源消费数据和风力发电数据的特征和ESN的应用问题，确定了目前的研究所面临的关键问题。

明确研究的关键问题后，作者针对性地选择了研究方法，即文献研究法、数学方法、实验法及定量分析法。

最后一步，作者确定了论文的题目和论文框架。题目为《基于改进回声状态网络的能源预测问题研究》，并画出了论文的框架图（图2-1）。示例2-1介绍如下。

【示例2-1】

本选题基于作者攻读博士学位期间，在导师的指导下，对能源预测问题、回声状态网络、混合预测模型的持续关注。选题直接来源于：①国家自然科学基金面上项目《互联网大数据下基于改进FOA[①]-ESN的需求预测研究——以电商和旅

① fruit fly optimization algorithm，果蝇优化算法。

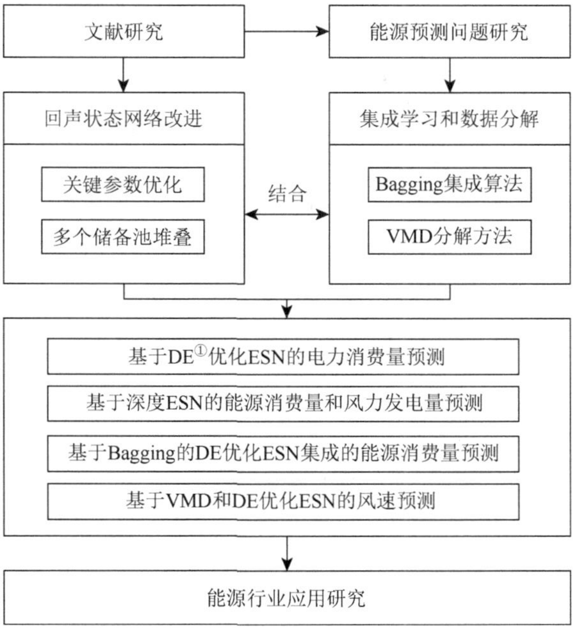

图 2-1　《基于改进回声状态网络的能源预测问题研究》的全文框架

游行业为例》(批准号 71771095)；②国家自然科学基金重点项目《物联网环境下的组织体系架构建模、行为分析与优化设计：以电商物流为例》(批准号 71531009)。

……

准确的能源消费预测有利于……有效满足……准确的可再生能源发电预测有利于……风能作为一种新型清洁的可再生能源，已经在世界范围内得到了广泛的开发和利用，2018 年全球风力发电增长 3200 万吨油当量，在可再生能源增长中占最大比例。然而，……需要进一步的研究；风力发电具有较大的波动性和随机性，这给电力系统的安全稳定运行带来了严峻的挑战，特别是……

……

针对能源消费预测，现有的方法主要可分为三类，……针对风力发电预测，现有的方法主要可分为三类……。在上面提到的几大类方法中，统计方法通常……，但是……仍然不足。灰色预测方法通常仅适用于……物理方法……因此在风力发电预测领域中应用较少。人工智能方法……所以被广泛用于能源预测问题。

回声状态网络（Echo State Network，ESN）是……ESN 使用……该论文发表在世界顶级期刊 *Science* 上，成为 ESN 研究的里程碑式成就。优秀的非线性拟合能力和高效的训练方式使得 ESN 成为最有前景的人工智能预测方法之一，它也是当前神经网络和能源预测领域的一个研究热点。本文也将以 ESN 作为能源预测的基础方法。

① differential evolution，差分进化算法。

由于ESN中……有较大影响，因此……本研究使用……算法。另外，现实中……所以本研究将……引入ESN中，构建……此外，为了……本文构建了……模型。

……

（1）基本ESN中随机生成的储备池会降低网络预测性能，并且单储备池的ESN可能难以学习到复杂数据中蕴含的规律……

（2）能源数据中存在许多随机干扰因素，基于单个ESN的预测模型泛化能力较弱……

（3）风力发电数据具有较大的波动性和随机性，ESN难以直接从原始序列中学习到规律……

……

本文以实际能源预测问题为背景，基于ESN进行模型设计与现实应用。本文基于文献研究法，阅读与分析相关参考文献，了解相关研究的现状和存在的不足；利用数学方法，构建改进ESN及其与Bagging集成算法和VMD①数据分解方法相结合的能源预测新模型，分析新建模型的优缺点和适用范围；基于实验法和定量分析法，设计合理的对比实验和扩展实验，验证模型的准确性和稳定性。

2.3.4 学士、硕士、博士学位论文的区别

在遵循以上选题要点的基础上，学士、硕士和博士在学位论文选题方面也有一定区别。

1）学士学位论文选题

本科毕业设计和论文撰写是本专业重要的综合性教学环节，它是学生在完成了所有专业课程学习以及毕业实践之后的一项重要教学内容。该环节的目的是使学生对所学知识进行综合、深化和拓宽，培养学生科学的思维方式、严谨的治学态度、理论联系实际的工作作风和独立的创新意识，提高学生综合应用、独立分析、解决一般管理问题和初步进行科学研究的能力，熟悉撰写论文的写作规范，提升文字与语言表达能力，为即将走上工作岗位，独立完成各项实际工作打下良好基础。

学士学位论文强调的是对本科阶段所学知识的应用与检验，如公共电子阅览室管理信息系统开发设计，应用本科阶段所学的数据库、Web 开发等知识，解决管理实践中面临的问题。学士学位论文主要参考文献要求 20 篇以上，其中外文文献至少占 1/5。字数要求至少 1.5 万字，不包括参考文献、摘要等。另外，本科毕业论文通常有时间限制，一般为半年左右，所以在选择论文选题的时候要保证所有题目是可以在有限时间内完成的。

本科生在拟定选题时，应注意结合本专业教学大纲中的教学目标和教学要求，运用管理科学的方法和IT（information technology，信息技术）技能等方面知识展开选题，应充分展现互联网思维、较强的创新意识、数据管理与系统开发的能力及坚实的数学理论

① varational made decomposition，变分模态分解。

基础。例如，如果是系统开发与设计方面的选题，开发的系统应该面向实际问题，选择相应平台的最新工具和技术，系统和数据库的结构设计应合理。如果是研究型的选题，就需要在研究分析的基础上，针对现实管理问题，提出可靠的结论和有应用性的对策建议，方法工具要得当，数据资料要真实并有代表性，研究结论应可靠。

首先，学士学位论文主要要求针对问题进行研究，研究的理论深度较浅，但要有较强的论述逻辑性。选定论文题目时要结合专业特点进行研究，比如信息管理与信息系统是一门起源于计算机应用于管理工作之后，为了实现更好的企业运营从而形成的一门集信息技术与管理科学于一体的交叉性学科，在选题时如果选择“某公司财务会计内部控制问题研究”就不符合学科特点，是不合适的。

其次，学士学位论文无论是做理论研究还是做实践应用研究，选题时一定要确保研究是有价值的，是能解决某个问题的。例如，物流管理专业是一门学习根据物质资料实体流动的规律，应用管理的基本原理和科学方法，对物流活动进行计划、组织、指挥、协调、控制和监督，使各项物流活动实现最佳的协调与配合，以降低物流成本、提高物流效率和经济效益的学科。而选题如果是“××公司食品冷链物流配送路径优化研究”，可以解决某公司配送路径优化问题，提高配送效率，就具有实际的应用价值。

最后，创新性是学术研究的基础和灵魂，本科生进行选题的时候一定要确保具有一定的创新性，可以从问题入手进行创新，但切忌照搬照抄他人的研究成果。

2）硕士学位论文选题

硕士毕业要求掌握本学科理论知识，具有从事本学科的科学研究工作的能力。硕士学位论文要求对于当前该领域的研究趋势和情况有比较深刻的了解，参考文献一般应不少于 40 篇，其中外文文献一般不少于 1/3。字数一般要求不少于 3 万字，不包括参考文献、摘要等。

研究生应是既具有坚实的数理基础、系统的管理知识和开阔的国际视野，又具有创新创业精神、批判性思维和人文关怀的复合型高层次管理和科研人才。要求其能利用专业领域的理论和方法解决管理中的重要实践问题，从而为国家经济发展做出贡献；或能掌握学科的国际发展前沿和动态，具有独立开展高水准、国际化科学研究的研究能力，满足国家的科研发展需求。其中，硕士研究生要求能够掌握、理解和应用专业知识，具有批判性思考能力，能运用理论知识解决管理问题，并要遵守基本伦理规则和具有一定的人文关怀。

硕士学位论文与学士学位论文有较大的不同。学士学位论文可以解释已有理论，也可以是一份对于某个现有观点的调查报告。而硕士学位论文则要求能够领会研究领域的最新研究成果，并进行一定程度的创新，需要更具有实际应用价值和理论价值，论据要充分、论证要严密、例证要确凿、计算要准确、图表要严谨，全文必须有新意，绝不可抄袭、雷同、人云亦云，要有所创新。

例如，硕士学位论文《不确定需求环境下的路径-装载组合物流调度优化问题研究》，考虑到不确定需求环境下，针对循环取货的问题，对多车型的车辆行驶路径和多种类货物的车厢装载的协同优化问题展开研究，提出了基于车辆路径研究与背包装载问题的组合物流调度优化模型，并设计了求解该模型的多阶段算法。可以看到，该研究对多车型车辆行驶路径和多种类货物车厢装载的组合优化问题进行了探索，是具有一定程度的创新性的，并且具有应用价值和理论价值。再如，硕士学位论文《基于地铁网络的同城快递取派路径优化》，结合企业实践，创新性地将地铁网络纳入同城快递配送网络，并对快递员的取派路径进行优化研究，这种基于地铁网络的同城快递配送模式对解决大型城市同城快递配送中存在的问题提供了新思路。论文构建了基于地铁网络的“地铁干线-地面末端”的新型同城快递配送模式，以地铁站点作为干线运输和末端配送衔接的转运中心，综合考虑了多个中转中心、地铁干线发车时刻、地面末端车辆数量、配送员的取派结合、客户时间窗、动态需求等现实情况，对同城快递取派路径进行规划。最后以上海市某同城快递配送企业在某一天内的客户需求数据进行实证分析，分别将客户数据代入两个模型，优化配送路径，可为企业基于地铁网络的同城快递取派路径优化提供指导。

3）博士学位论文选题

博士研究生要求在相关研究领域有渊博的知识，能熟练地进行批判性思考，进行独立创新性研究，贡献管理思想和工具，并能遵守学术研究中的伦理原则。一般来说，区别于学士或者硕士学位论文，博士学位论文应该在相关研究领域中具有前沿性或创新性的特点，这也是衡量博士学位论文质量的重要环节。

“前沿性”主要是指当前学术界普遍比较关注的重要问题，或者是目前某一研究领域亟待解决的问题。“创新性”主要指的是对某一研究领域的开拓性研究，而这一研究领域未必是当前人们十分关注的“热点”，但其研究成果却突破了原有研究的藩篱，获得了新的结论，并且加深或者拓宽了人们对这一领域的认识。前沿性研究成果和创新性研究成果都应该具有较为突出的学术价值和社会价值。

认清这一点，对于博士生同导师共同商讨、确定学位论文选题是非常必要的。首先，“前沿”问题无疑是十分重要的，因为它对于推动学科发展、推进专业研究与当前实践相结合，具有重要的意义。对此，博士生在拟定学位论文选题时不可忽略，更不能轻视。其次，“创新”问题并不都是“前沿”问题，甚至相反，它们可能是一些老问题或者似曾相识的问题，但其成果却取得了研究上的突破性进展，从而推动学科发展。在进行选题研究时，博士生应既注重学科发展前沿，也重视创新。

举例来说，博士学位论文《大数据背景下支持向量机的随机坐标算法和鲁棒支持向量机研究》，研究了大规模支持向量机有效算法，丰富了支持向量机方法和理论，并为实际应用提供了更为有效的学习和决策工具。这个选题即为兼具前沿性和创新性的研究。再如，博士学位论文《货物运输服务网络设计优化模型和算法研究》，首先，研究考虑多车型的大规模服务网络设计问题，帮助企业决策每个运输服务上使用的各种车型数量，提出相应的数学模型，并设计高效的算法进行求解；其次，针对服务网络设计问题考虑单路径约束并提出基于环-路径的数学模型；再次，针对考虑不确定需求的服务网络设计问题，采用多面体不确定集来描述需求的不确定性，提出了两阶段鲁棒优化模型；最后，为了设计集成服务网络以提高系统中车辆等资源的利用率，针对考虑多种服务类型的服务网络进行优化设计，提出了确定性和两阶段鲁棒优化模型。可以看出，该论文的选题针对的是货物运输服务网络的规划与设计，问题针对性强，有前沿性，提出的方法具有很强的创新性。

另外，对于研究生尤其是博士研究生来说，学位论文的选题要考虑学术研究上的可持续发展问题。也就是说，从目前的认识水平来看，有些问题可以作为博士学位论文来撰写，但继续研究的空间不大；而有些问题不仅可以作为博士学位论文的选题，而且继续研究的空间较大，具有继续研究的可能性和价值。因此，博士学位论文选题的研究对象，应当是一个相对稳定的研究领域，即一个学术研究上的“富矿”，是未来即将从事的研究工作的起点。比如，博士学位论文《基于数据分析方法的供应链网络设计研究》在讨论与总结中指出：“最后，对于本文的三个研究问题，在目前的基础之上也有很多方向可以拓展。对于联合选址、选品、库存模型，存在多种品类、多期补货的情况值得研究；同时，每种商品的库存水平也会影响到店消费者的选择行为，因此如何将这个因素考虑在内也值得研究。对于轴辐式网络设计模型，网络中的节点和边存在容量限制的情况以及可能产生拥堵的情况值得讨论；同时，实际运营中的规模经济效益所产生折扣是和每条边上的流量相关的，因此这种情况下的网络设计模型值得研究。对于柔性供应链设计，也可以拓展到多级供应链问题、多期库存决策的问题以及考虑服务水平约束的问题。”

2.4 开题报告撰写指南

2.4.1 撰写开题报告的目的

著名的物理学家爱因斯坦说过，提出一个问题比解决一个问题更重要。开题报告的主要作用就是帮助我们思考研究的问题是什么，为什么要研究这个问题，以及将要如何回答这个问题。当论文作者确定学位论文选题、完成文献梳理、明确研究内容、设计研究方案、构思论文框架后，就可以撰写开题报告。开题报告是对学位论文选题和如何实施研究工作的论述性报告，重点论述选题的必要性与可行性。有些同学不重视开题报告撰写工作，认为只要定好了论文题目，直接写论文就行，其实这是一种误解。开题报告的主要目的是确定研究问题和研究方案，具有如下三个方面的重要作用。

1）为学生撰写学位论文提供研究计划

开题报告是学位论文的“蓝图”，高质量的开题报告是撰写高质量学位论文的先决条件。如果想要研究一个有理论价值、有创新性、有实践意义的问题，需要研究者进行扎实的实践探索和深入的理论思考。通过撰写开题报告，研究者系统论证选题的价值性、专业性和可行性，保证选题合适；同时，明确研究的目标、范围、内容和重点，确定研究的技术路线，明确基本观点，构思论文框架，为下一步的论文写作打好基础，避免学位论文工作的盲目性。如果论文作者已经撰写了高质量的开题报告，那么学位论文“绪论”部分的内容就基本上有了，论文写作提纲也有了，这就为下一步的论文写作奠定了很好的基础。因此，认真撰写开题报告可以促使研究者明确研究主题，理清研究思路，完善研究设计。一份高质量的开题报告初步确定了论文研究的具体内容和操作步骤，制订了论文研究的计划和安排，对整个研究工作的顺利开展起着关键的指导作用。

2）与导师之间架起论文研究选题交流的桥梁

撰写开题报告并提交导师审阅，目的是请导师判断选题有没有价值，研究方法是否有效，论证逻辑有没有问题，论文结构是否合理。导师通过审阅开题报告并听取学生的汇报，能为学生的开题提供有价值的修改意见，帮助学生及时发现问题，完善研究计划，使学生对自己的研究内容有更深层次的理解，使研究目的更明确、研究重点更清晰。

3）有利于加强研究生培养过程的管理

评审开题报告是对学位论文质量进行管理和监控的一个重要环节，也是学生培养过程的一个阶段性考核。撰写开题报告这一环节，促使学生查阅相关文献资料，深入调查研究，了解国内外相关研究现状，明确自己研究的重点。导师和相关管理部门通过审核研究者提交的开题报告，来判断学生的选题是否合适、研究目标与内容是否明确、研究方案是否合理，从而确定学生能否进入课题研究和学位论文写作阶段。特别是，要想使研究方案在理论探索和实践工作中起到真正的指导作用，必须集思广益，多听取专家的意见，因此，需要在开题答辩过程中，先由研究者汇报开题报告的内容，然后通过专家点评、提问和提出建议等方式，对研究方案进行修改，使得开题报告更具有现实的技术可行性和潜在的理论创新性。

因此，加强开题报告的管理与监督，有利于增强学生开展课题研究和论文撰写的计划性，强化学生的积极性、主动性和创造性，有利于优化研究生的培养过程。

2.4.2 撰写开题报告的前期准备

首先，完成选题工作。论文作者应当在初步研读文献资料的基础上，结合自己的兴趣和实际工作，明确选题方向，与导师交流、沟通后，进一步明确研究主体、研究领域，提炼研究问题，从而确定研究课题。

其次，做好文献综述，为写好开题报告打好基础。要想写好开题报告，必须查找并研读相关文献资料，以便对自己所确定的研究课题有个初步了解，看看其他学者在相关课题上都做了哪些研究工作，有哪些不足和值得进一步研究的内容。因此，文献调研的深入和全面程度会影响开题报告的质量。同学们在开题阶段表现出的普遍问题是对文献的研读不够，对研究背景了解得不够深入，对其他学者在该课题上的研究进展和情况了解不够全面、详细，也就不清楚前人做过哪些方面的研究，也就很难将选题背景、研究目的与意义、研究内容阐述清楚。所以，研究者必须认真研读相关文献，做好文献综述。

2.4.3 开题报告的主要内容

为了充分发挥开题报告的作用，开题报告可以理解为一经通过导师和开题答辩委员会的审查，下一步就可以开始按照报告中的技术路线开始实地执行的研究方案。因此，开题报告的内容应尽可能翔实，包括所有的基础研究成果和正式研究的详尽计划。比如，有些同学在研究模型和假设时，笼统地说计划研究A变量、B变量和C变量之间的关系，建议尽可能细化成正式研究中的具体研究假设。再比如，有些同学在描述研究方案时，寥寥几行字，只是简单介绍该研究计划采用定性研究与定量研究（问卷或者实验）相结合的方法，建议尽可能详细解释具体的研究技术路线，如问卷调查中的样本设计、问卷设计、数据分析技术等。这样做的目的，一方面，可以促使研究者更深入思考论文的研究主题，另一方面，一份较详尽的开题报告可以获得答辩委员会评委更多的建设性意见，这些意见对后续的正式论文研究都是大有裨益的。

开题报告的主要内容包括：①论文题目与课题来源；②研究背景与意义；③国内外研究进展；④研究目标与研究内容（除了阐述以外，还应给出论文的目录大纲）；⑤研究方法与技术路线；⑥可能的创新点；⑦研究进度和阶段性成果；⑧参考文献。各个部分的具体要求和示例将在下文阐述。

2.4.4 开题报告的结构

1）论文题目与课题来源

列出论文题目与课题来源。常见的课题来源包括：导师主持的某项研究项目，或者是自选题目。建议尽可能在导师的某项研究项目的范围内选择一个细化的题目，一方面，通常被立项的科研项目（尤其是纵向课题）通过申请人的仔细斟酌和评审专家的严苛遴选，具有较高的研究价值和创新性，能够保证研究方向的正确性和前沿性以及理论和实践意义；另一方面，导师对该科研项目所属领域的研究进展和研究思路非常清晰，因此可以给予学生更有效的指导和支持。可参考示例2-2。

【示例2-2】

本论文研究题目是“××××××”，课题源于导师主持的国家自然科学基金面上项目《××××××》（课题资助号：××××××）。

2）研究背景与意义

这部分内容要交代所研究问题的来龙去脉，介绍论文选题的背景，说明论文研究的重要意义。建议从如下三个方面阐述研究背景与研究意义。

第一，结合国民经济和企业发展中迫切需要解决的关键管理决策问题来论述研究背景，凝练论文研究可以解决的管理实践问题，从而明确研究的实践意义[如示例 2-3 中的第一段和第二段（张雅，2023）]。

第二，结合国内外研究现状及发展动态分析，阐述现有理论和文献研究成果在解决上述管理实践问题方面存在的不足，从而提出本论文研究的理论贡献（如示例 2-3 中的第三段和第四段）。

第三，总结研究问题和研究的理论和实践意义（如示例 2-3 中的第五段和第六段）。

【示例 2-3】

近年来团购社群迅猛发展，尤其在疫情防控的特殊时段，有温度、少接触、交易有保障等特点使得它以极快的速度被大众所接受。社群团购是基于线下真实的社区建立线上成员群（通常是微信群），结合其他线上技术（如小程序、移动端 App、线上支付等），在群内采集成员订单后，商家统一将商品发往自提点并由团长组织成员自提的一种购物方式，具有小众化、本地化、区域化的团购特征。社群团购不同于社区团购，其中，社区是线下地理小区的物理概念，而社群是指进行团购行为的消费者组建的线上虚拟社群。社区团购和社群团购的概念存在交集，即有些社区团购的团长也会建立社群并通过社群运营来管理顾客资源。消费者可以直接在网站或者 App 上下单而不加入任何社群，也可以通过团购社群来参与团购的整个交易流程。本研究并非一般意义上探讨社区团购的模式和战略问题，而是聚焦于如何管理团购社群，以建设和维护可持续的顾客资源。

从大的行业方向上来说，社群团购所代表的社交电商场景已经成为除了线下零售、传统电商之外的零售新业态。微信作为我国最大的社交媒体平台之一，庞大的用户基数为社群团购提供了客流量（吴梦丽，2020）。虽然团购社群发展风头正劲，但仍有大量的社群在热潮过后逐渐沉寂。因此，鼓励消费者积极参与并在社群持续购买成为当下社群团购商家亟待解决的营销实践问题。

尽管不少文献讨论了网络团购尤其是消费者的团购意愿和行为，但学术界对团购社群的研究并不充分。系统文献综述显示，第一，从研究情境和研究方法来看，网络团购的现有研究情境聚焦于传统的团购网站，也有少数研究实证探讨了团购网站发起的虚拟社群中的消费者感知和行为。然而，针对新兴的社区团购的讨论几乎全是概念性研究，探讨其发展历程、商业模式和成功要素，尤其有关于团购社群中消费者参与这一主题的实证研究非常匮乏。第二，研究理论视角和变量单一，团购网站的文献主要从消费者特征、认知和情感、网站特征、卖家特征、交易特征等维度展开“消费者团购意愿和行为的驱动机制”的研究，未从团购社群的社会属性出发，探讨团购社群的网络特征对个体团购意愿的影响。即便少量研究探讨了消费者网络团购的社会互动前因，但互动的内容主要是顾客与团长（或者网站服务人员）的交互，以及其他顾客的口碑和评论等。团购社群与传统的在线团购网站具有明显的差异性。团购社群成员基于地理小区建立某种程度的线下社交关系，团长往往是由小区中有威望有能力的人担当，因此成员之间能更快建立起边界清晰、联系密切的线上社群网络并保持较高活跃度。而传统线上团购平台上，消费者来自不同城市且较为随机，一般并不聚合在即时聊天群（如微信群或者 QQ 群）中，团购参与者之间的联络表现出松散、流动性大、涉入度低、以交易型关系为主导的特征。因此，关于团购网站的现有研究结论对团购社群的适用性有待检验。

文献普遍认为，社会网络理论是理解社群连接和活动的基础。社会网络中的独特结构以及不同成员之间的联系为社会网络整合资源与信息奠定了基础。而网络社群则是一种典型的以社会网络为基础，以各种手段连接、具有某些相同联系的组织或集体（Chen et al.，2015）。同时，移动互联网的发展和社会化媒体的涌现改变了价值创造的方式，顾客可以通过在线社群分享丰富且有价值的用户生成内容，参与到价值共同创造的过程中（Priharsari et al.，2020）。借鉴上述观点，可以将团购社群视为"顾客之间以及顾客与企业之间以团购任务为核心相互联结、持续互动所形成的一种独特的虚拟社会网络和在线价值共创的网络平台"。现有营销文献在品牌虚拟社群的情境下分别探讨了社群网络结构特征（党格致，2020）、价值共创行为机制（Ardley et al.，2020；Shen et al.，2020）对创新（王千和范文芳，2019）与顾客参与（Martínez-López et al.，2017）的影响，并未针对团购社群探讨社会网络特征如何影响价值共创，最终影响顾客的持续团购意愿。

在上述现实和理论背景下，论文旨在探究团购社群的社会网络特征和群内价值共创活动如何影响消费者持续团购意向。研究的潜在理论贡献在于：第一，从线下是否有地理小区边界、线上是否有网络社群的两个维度，识别了消费者参与网络团购的四种方式，从而厘清了"网络团购""社区团购""社群团购"等相互关联的概念之间的区别，为后续研究奠定了清晰定义研究情境方面的重要基础。第二，聚焦于消费者通过网络团购社群的方式参与社区团购，在此情境下考察了社会网络特征的作用，扩大了社会网络分析的应用范围。第三，与以往研究强调的只有当企业参与到企业与顾客的交互过程中才能实现价值共创的观点不同，本研究认为，顾客与顾客之间的交互也可以创造价值，社群团购的成员为了能够顺利完成购买任务这一共同目标而主动整合资源，并通过参与这些价值共创的活动最终获得顾客价值。因此，顾客通过互动贡献自身资源来参与价值共创，这也符合服务主导逻辑学者所呼吁的观点，即价值共创应该更多地从微观层面出发，以便更好地理解这个概念在管理实践中的运用。本研究将通过识别团购社群中的价值共创活动，为此概念的学术探讨做出贡献。第四，已有文献讨论了企业因素或者个体因素是如何影响价值共创的，但很少有研究去讨论群体因素（包括群体网络和群体行为）对群体价值共创活动的影响。论文将整合社群网络特征分析和价值共创活动，一方面，具体探讨社群网络特征如何影响价值共创，另一方面，讨论二者如何共同作用于微观主体即消费者的感知和行动，以此讨论群体层面的价值共创在个体顾客层面上的积极意义。

研究的管理实践意义在于：第一，为了鼓励消费者在社群中持续团购，帮助营销者将重点放在功能、情感、社交等方面，从而提升顾客感知价值。第二，有助于企业理解在团购社群中如何通过促进群内成员的价值共创活动，以改善顾客感知价值。第三，有助于企业理解如何通过高质量的互动信息促进群内成员的价值共创行为。第四，帮助社群管理者通过管理社群网络结构，提升团购社群内成员间信息互动频率和质量。总之，论文研究旨在为管理者提供在团购社群环境下如何通过管理特定社群的网络特征和价值共创行为促进顾客形成持续购买意愿的重要建议。

3）国内外研究进展

这部分对应着学术论文中的文献综述部分（一般为学术论文的第 2 章）。要点介绍如下。

第一，分主题对国内外相关文献进行梳理，主题包括：①研究涉及的支撑性理论、主要主张和典型研究；②研究模型中包括的核心构念的文献研究，分主题展开，如定义问题、测量问题、模型问题、实施问题等。文献综述最忌讳的是按照时间顺序简单罗列而不加任何分类和总结，介绍的文献本身不是重点，重点是通过文献帮助读者理解在该学术领域做了哪些有价值的研究、得出了哪些有意义的结论、存在哪些不足等，所以研究者的写作逻辑非常重要（如示例 2-4 中的 3.1 节和 3.2 节）。

第二，这部分最后需要对文献综述进行总结，包括现有研究取得的成绩、存在的不足，以及本论文研究在研究中的位置和对该研究的潜在贡献（如示例 2-4 中的 3.3 节），此处也可以用图的形式进行概括和展示。

第三，与学术论文中的文献综述重点不同，开题报告中的文献综述更聚焦于理解研究选题的重要学术价值和潜在理论贡献，以及论文研究的视角或者支撑性理论方面的创新，因此总体来说，可以不用过于详尽和琐碎。论文中的文献综述内容更丰富和翔实，除了开题报告中的文献综述内容，还需要对具体研究模型以及假设涉及的相关研究做细致的梳理和归类，为论文的主题研究内容打好理论和文献基础。

【示例 2-4】

3.1 网络团购的相关研究

本节从研究情境、研究方法、研究变量等几个方面对网络团购中消费者行为研究的相关文献进行了系统梳理（见表 3.1）。

从研究情境来看，……

从研究方法来看，……

从研究变量来看，……

表 3.1 网络团购的研究文献

文献	研究情境	研究方法	自变量	因变量	中介变量	调节变量
Kao et al.，2020	I（虚拟的团购网站）	实验	线索的异质性和真实性感知	服务质量预期	无	无
Sharma and Klein，2020	I（Groupon，LivingSocial，Scoopo或Woot）	问卷调查	人际关系敏感度	团购参与意愿	感知价值、感知信任、顾客参与	无
……	……	……	……	……	……	……

3.2 理论基础

1）社会网络分析

社会网络理论认为，社会网络是由行动者及其关系所共同构成的网络结构，嵌入在网络中的行动者的认知、态度和行为均会受到网络结构的影响或者被网络整体规范所限制（Adler and Kwon，2002）。因此，该理论集中于行动者之间的关系，评估这些关系的结构和动机的基础，并考察其结果（Wasserman and Galaskiewicz，1994）。

随着社交媒体的发展和日益普及，利用社交媒体网站进行消费者社会化已经成为重要的营销策略，因此学者也在社交电商的情境下讨论了社会网络对消费者行为的影响。本研究将基于社会网络理论，选择重要的社群网络特征维度作为模型中的自变量，探讨这些特征如何影响社群成员的持续团购意向。

2）价值共创理论

随着服务主导逻辑的演变，学界日益关注价值共创和顾客在价值共创中的作用。与传统营销实践不同，价值共创是指在企业和顾客互动过程中参与者共同创造价值（Vargo and Lusch，2004）。有文献提出了价值共创的内容和维度，比如，Prahalad（2004）识别了五项价值共创活动：用户参与、自助服务、用户体验、问题解决和共同设计。Yi 和 Gong（2013）将顾客价值共创定义为由两个高阶因素构成的复合概念，其中，顾客参与行为包括信息寻求、信息共享、负责任行为和个人互动等四个维度，顾客公民行为包括反馈、倡导、帮助和宽容等四个维度。本研究将基于价值共创理论，通过探索性研究，提炼团购社群情境下成员之间价值共创的关键维度，将这些维度作为模型中的中介因素，探讨社群网络特征影响顾客持续团购意向的内在作用机理。

3.3 总结

以上文献综述表明，第一，网络团购文献大多聚焦于团购网站及其创建的虚拟社群；有关社区团购的概念性探讨日益成为热点，并强调了社交互动因素对消费者购买行为的积极影响。但是，对于消费者通过团购社群参与社区团购的行为驱动机制的实证研究非常少，团购社群中的社交和互动因素对于顾客行为的影响及其内在机理并不清晰。通过线上交流社区或社群进行团购，消费者还会关注除价格及交易便利性以外的社交需求和情感需求，如社交资本、感知互动性、互惠性等。此外，与不限定地理范围的虚拟网络社区（如会员博客、聊天室、OGB 公告栏、讨论论坛等）团购相比，社群团购精准定位线下社区，社区居民之间存在线下互动的可能性较大，利用轻熟人关系引流，居民可以更容易地聚合到一个社交群内。社区居民之间的分享与推荐是以节点型的网络形态呈现的，所以，团购社群的社会网络特征更加凸显。同时，社区居民之间呈现基于强关系的更密集的社会互动，积极地相互分享信息、资源和知识，进而刺激群内成员的重复购买需求。因此，有必要对团购社群中成员间的网络关系和价值共创活动进行深入讨论。第二，社会网络理论认为个人行为受到整体关系网络的影响，团购社群可以视为由社区成员组成的具有明显社交属性的群体网络，在考虑社群总体结构和成员之间关系对个体行为的影响时，采用社会网络分析的视角是非常恰当的。第三，不同研究情境下价值共创的维度尚不统一，文献关注如何在企业与顾客的交互过程中进行价值共创，较少从顾客间交互的角度进行探讨，尤其是并未有研究考虑顾客群体的网络特征对消费者之间价值共创的影响。综上，论文旨在整合社会网络和价值共创的理论主张和核心构念，探讨团购社群网络特征如何影响成员互动和价值共创，进而影响顾客的价值感知和购买意向。

4）研究目标与研究内容

第一，首先列出论文的研究目标，包括理论研究的目标和解决管理实践问题方面的目标。

第二，基于上述总体研究目标，定义研究变量、细化研究内容，列出拟解决的关键科学问题。

第三，列出论文的目录大纲，建议细化到二级标题。可参考示例 2-5（张雅，2023）。

【示例 2-5】

4.1 研究目标

在现实背景和理论背景下，为了帮助团购企业并发展相关理论，本文旨在探究在社群团购这种新零售模式中，顾客接受、重购并持续保持忠诚三种行为意愿的影响机制。

4.2 研究内容

基于以上研究目标，本文的研究内容主要聚焦于以下几点。

（1）对社群团购的商业模式进行区分，辨析其与相关概念之间的差异。

（2）针对消费者第一阶段的行为，讨论影响消费者接受这种消费模式的因素。

（3）针对消费者第二阶段的行为，讨论不同的团购社群的特征是如何差异化影响消费者的购买行为的。

（4）针对消费者第三阶段的行为，讨论影响消费者对特定社群保持忠诚的因素。

4.3 目录大纲

1 绪论

1.1 研究背景与研究意义

1.2 研究目标与研究内容

1.3 研究方法及技术路线

1.4 论文结构安排

2 文献综述

2.1 TAM（technology acceptance model，技术接受模型）理论

2.2 TTF（task-technology fit，任务技术适配）理论

2.3 线上团购研究

2.4 社会网络分析

2.5 价值共创活动

2.6 渠道整合质量

2.7 价值理论

2.8 本章小结

3 探索性案例研究

3.1 研究背景与目的

3.2 研究设计

3.3 研究操作

3.4 研究结果

3.5 本章小结

4 消费者对团购社群接受意愿的影响因素研究

4.1 问题提出

4.2 理论框架和研究假设

4.3 研究方法

4.4 研究结果

4.5 本章小结

5 消费者对社群重购意愿的影响因素研究

5.1 问题提出

5.2 理论框架和研究假设

5.3 研究方法

5.4 研究结果
5.5 本章小结
6 消费者对团购社群忠诚度的影响因素研究
6.1 问题提出
6.2 理论框架和研究假设
6.3 研究方法
6.4 研究结果
6.5 本章小结
7 总结与展望
7.1 研究结论及理论贡献
7.2 管理启示
7.3 局限性及未来研究展望

5）研究方法与技术路线

描述拟采取的研究方案及可行性分析（包括研究方法、技术路线、实验手段、关键技术等说明）；研究方法应当与研究内容相对应；研究方法的描述应尽可能详尽到可以被视为研究的具体行动方案的程度；阐述各种研究方法之间的逻辑关系和实施时间先后关系；建议此部分可以用图形的方式予以展示。可参考示例 2-6（张雅，2023）。

【示例 2-6】

5.1 研究方法

1）文献研究法

文献研究是一个研究中的基础部分。因为没有任何一个研究是凭空想象出来的，都应该建立在过去已经被证实的理论中，并且对研究空白进行补充（东阳，2020）。在确定了已有的研究空白后，研究者需要提出新的视角来对原有理论进行发展，并且提供充分的论证来证明其合理性和可能性，以满足研究的严谨性。文献研究法一般包括三个步骤：第一，对相关的文献和理论进行检索。学术文献是最主要的文献来源，其次是商业实践期刊和报纸。第二，研究者需要对找到的文献进行筛选、分类和阅读，先围绕本研究的研究问题进行筛选，在阅读文献的过程中逐步收窄，最终聚焦到本文要研究的具体问题。相关文章可作简要介绍，重要的代表性文章需要详细介绍。文献综述的结构一般有以下三种：简单描述法，这是一种较简单的综述方法，只需要对以往研究稍作总结和分类；追溯历史法，可以勾画出学者关于一个问题的回答是如何发展和演变的，这种方法有很明显的时代特点；分门别类法，这是比较常用的一种方法，将已有的研究方向分为几大类，并将相同的角度放在一起。第三，在阅读的基础上，研究者要对现有的研究的不足和相关进展进行综述。这部分应该与本研究拟要研究的问题相呼应，先总结已有研究回答了哪些问题，还有什么未解决的问题，而本文的研究该如何弥补不足，最后提出具体的研究问题。

2）探索性案例研究法

案例研究是一种完整的定性研究方法。案例研究探讨的是目前现实环境中正在发生的事件。案例研究方法帮助研究者认识一些真实的案例，并认为通过这些认识很有可能发现影响这些案例的一些重要情境条件和相关的结果（郑方和彭正银，2017）。例如，当研究者无法了解消费者心理变化的历程，或者在实际的生活情境中没有找到合适正确的变量时，可以使用案例研究的方法。相对于其他研究方法（如调查法、实验法、分析法等），案例研究法适用于研究发生在当代的事件，可以直接观察事件发展过程和访谈事件的参与者（唐权和杨立华，2016）。案例研究法可以帮助研究者对整个案例的情境脉络和动态发展加以掌握，即全面了解复杂的社会现实现象，并提供量化研究无法提供的重要观点，使得研究者产生新的研究创意。它的优点在于研究者和参与者之间密切合作，参与者讲述他们的故事并表达对现实故事的看法，研究者通过这些讲述能够更好地理解参与者的行为（Yin，2017）。在 4W1H（who、what、where、why 和 how）的基本问题的分类框架中，案例研究的重点是回答“怎么样”和“为什么”的问题。

案例研究方法分为三种类型，分别是描述性案例研究、探索性案例研究、解释性案例研究或者称因果性案例研究（汪婷，2014）。描述性案例研究是当研究者对研究问题的性质已经有了初步的了解，需要对案例进行更详细的描述和更细致的说明。探索性案例研究，就是在研究者对所研究的对象和问题的性质不是很了解时所进行的初步研究，目的是构建理论。另外，单案例研究和多案例研究都是案例研究的变式。解释性案例研究是探讨案例中的因果关系，以确定函数关系。多案例研究可以涵盖多个案例，容易得出一套跨案例的结论。本论文采用的就是探索性的跨案例研究。

3）问卷调查法

问卷调查法是管理科学中普遍使用的一般性调研方法，是调研者通过问卷的形式向目标群体进行数据收集、了解情况的一种方法。它有快捷性、方便性和易操作性等优点。本文共使用五次问卷调查，第一次是在案例研究中的访问式的问卷调查，访问式问卷主要是帮助研究者把控调查过程，并根据不同的调研情况加强访问的深度，了解访问对象的心理变化历程。后四次调查是基于本研究的三个研究模型，在线上进行的被调研者的自填式问卷。在正式的大规模问卷调查前，本文进行了预调研。参与自填式问卷的被调查对象可以不受其他方面因素的影响，能够真实地表达自己的想法，避免调查人员在调研过程中的诱导性。论文正式研究中，共进行三次大规模的正式问卷调查，通过腾讯问卷的线上平台进行，共回收有效问卷 1000 份。在对回收的问卷数据进行一般处理后，论文将采用 spss21.0 和 lisrel8.8（结构方程模型的专用软件）进行数据处理和质量分析，之后用 lisrel8.8 对模型假设进行检验。

5.2 技术路线

论文具体研究技术路线见图 5.1。

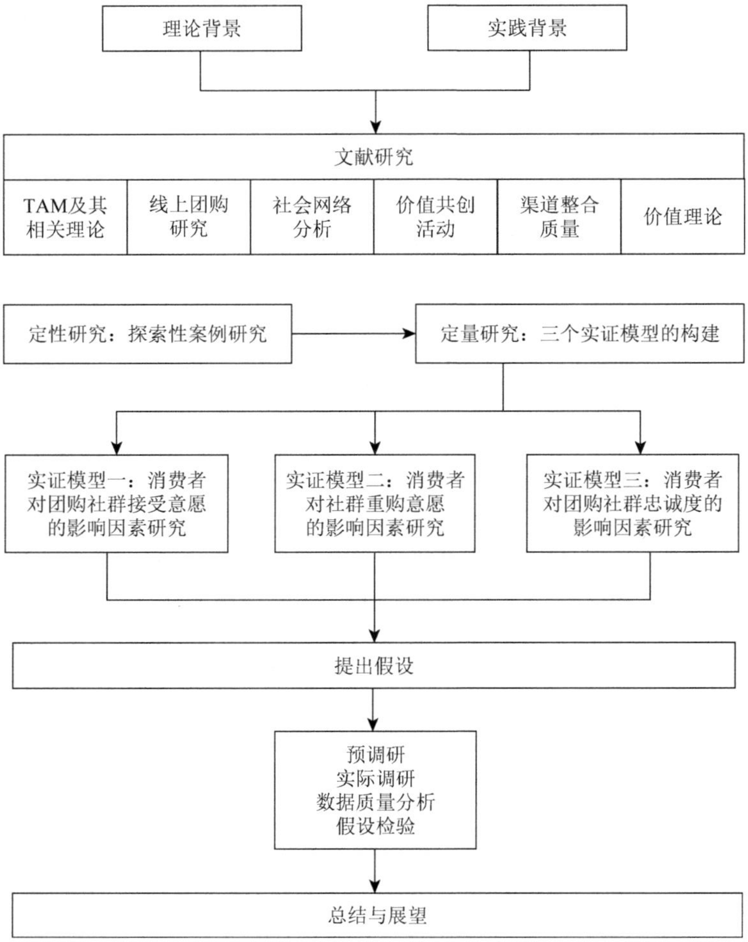

图 5.1 论文研究技术路径图

首先，基于实践背景和理论背景提出研究问题和研究目的。根据研究问题，确定合适的研究方法。接着整理相关文献，并对每部分文献进行综述。在相关的理论背景下，论文通过探索性案例分析，明晰消费者有关社群团购接受、使用并形成忠诚的逻辑关系。根据探索性案例分析的结果支撑，论文提出三个实证研究模型并发展假设。最后，通过大规模调研对假设和理论模型进行检验，对研究结论和贡献进行探讨。

6）可能的创新点

这部分主要适用于博士和硕士学位论文，学士学位论文不做要求。

该部分主要是从对相关研究的贡献方面对研究的潜在创新性进行讨论，常见的贡献方面包括：研究情境的创新；研究视角的创新；研究内容的创新；研究方法的创新；基础理论的创新等。可参考示例2-7（张雅，2023）。

这部分需要和国内外研究进展部分呼应，即在前述研究综述和现有文献不足的基础上，相应地解释本论文研究如何通过弥补文献研究不足，从而对相关领域的理论和文献做出创新。

【示例2-7】

6.1 研究情境的创新：聚焦于"中小企业重大突发公共卫生事件的应对策略"主题

重大突发公共卫生事件对企业正常经营活动的破坏力巨大，相关文献主要集中于临床医学、流行病学、社会管理、新闻传播等领域，关于公共卫生事件对微观生产经营主体尤其是中小企业的影响，以及企业应对策略的科学研究十分缺乏。

在此背景下，论文聚焦于重大突发公共卫生事件对于中小企业的影响与对策，拓展了相关文献的研究情境。

6.2 研究视角的创新：融合组织韧性与危机管理的理论视角

现有文献研究的结论推导缺乏坚实的理论基础和逻辑架构，更多偏向于单纯的现象描述和对策建议；多数研究聚焦于疫情存续期间企业的困境和对策，忽略了危机管理的阶段性特征；不少文献就事论事，仅给出结论，缺乏现象产生的因果关系和情境边界的充分探讨。这些都导致研究结论较为肤浅和雷同，可执行性和有效性不足。

在此背景下，论文从整合组织韧性与危机管理的理论视角，对该主题展开讨论，从而为企业针对重大突发公共卫生事件的管理策略的文献向纵深发展提供了创新性视角。

6.3 研究内容的创新：更关注企业突发公共卫生事件应对策略背后的动力机制和因果关系的讨论

现有文献研究内容比较简单和直接，大多是基于企业调研的描述性研究，根据调研结果为企业和政府提出对策建议，缺乏对现象背后的基础性机制、重要理论构念的因果关系、企业应对策略的动态过程的深刻理解。

在此背景下，除了调研式的描述性研究，论文从国内外历史经验的梳理、组织韧性与危机管理策略有效性的关联性研究、企业管理策略的多案例分析等，进行分析框架上的拓展和实证检验，充分揭示现象背后的理论逻辑，从而极大地创新和丰富了课题主题相关文献的研究内容。

6.4 研究方法的创新：综合采用多元化的研究技术

现有文献的研究方法单一，流行技术包括描述性研究、案例简析，基于简单推理甚至直觉给出对策建议等，研究结论的翔实性、可靠性、科学性难以保证。

在此背景下，论文综合使用多元化研究技术，包括理论研究、文献研究、二手数据分析、多案例研究、质性研究、多轮问卷调查技术等，点面结合，在描述研究问题所涉及现象的同时，更着力于探讨现象背后的变化规律，从而产生有信度和效度的研究结果。

6.5 基础理论的创新：推进组织韧性与危机管理文献的纵深发展和理论融合

论文研究还将对支持性基础文献领域产生重要贡献，尤其是组织韧性与危机管理的理论研究存在维度界定不清、研究情境局限、理论构念单一、实证研究不足等诸多问题，此外，两个理论流派虽然讨论的主题重叠，但长久以来都是自成体系、独立发展的。

在此背景下，从理论层面上，论文将拓展组织韧性、危机管理、战略管理、绩效管理的研究边界，厘清关键构念的核心维度，深入探索组织韧性前因以及对危机管理及其绩效的作用机理，进而推动这些重要理论流派的相互融合与纵深发展。

7）研究进度和阶段性成果

逐一列举每一项研究工作的执行时间、研究的具体内容、研究的目标和成果等，该部分建议可以采用表格的方式予以呈现。

尤其应当注意重要的时间节点（如中期考核、论文答辩等）和各项工作的必要持续时间（如盲审及其后面环节可能需要的修改时间），合理安排研究时间进度。可参考示例 2-8（张雅，2023）。

【示例 2-8】

7.1 研究进度

表 7.1 展示了论文研究的时间进度以及每个阶段的研究内容与目标。

表 7.1 论文研究进度表

时间	内容	具体目标
2022 年 4 月	建构理论框架	阅读和梳理理论文献，初步建构论文研究的总体理论框架
2022 年 5 月至 2022 年 6 月	企业基础研究	分析二手数据，了解国内外企业经验；基于文献梳理进行理论研究
2022 年 7 月至 2022 年 8 月	政策基础研究	通过二手数据和内容分析法，总结国内外政策经验；利用二手数据，梳理和分类本次疫情以来政府的扶持政策
2022 年 9 月至 2022 年 12 月	质性研究（探索性研究）	运用质性研究，了解疫情以来企业存在的困境、自救措施及其有效性，了解政策的利用情况、效果和期望，总结疫情对企业的影响和对策的初步研究结论
2023 年 1 月至 2023 年 6 月	第一轮问卷调查（描述性研究）	运用问卷调查，描述性分析企业层面上疫情对企业的影响、企业的应对策略、策略的有效性，以及政策层面上政策利用情况、政策满意度、政策预期
2023 年 7 月至 2023 年 12 月	第二轮问卷调查（理论模型检验）	运用问卷调查，实证检验中小企业组织资源、韧性能力、危机管理策略、危机管理绩效之间的关系，以及调节变量的影响；完成中期报告和答辩

续表

时间	内容	具体目标
2024 年 1 月至 2024 年 6 月	多案例研究	对四类典型中小企业进行案例研究，构建中小企业重大突发公共卫生事件的多阶段应对策略框架
2024 年 7 月至 2024 年 12 月	论文撰写与定稿	对前述各阶段的工作进行归纳总结，撰写论文并定稿
2025 年 1 月至 2025 年 4 月	论文盲审、修改、答辩	论文查重、提交盲审、进一步修改、参加答辩

7.2 研究成果

（1）按时完成中期报告并答辩。

（2）按时完成学位论文并通过盲审和答辩。

（3）在国内外重要期刊（如学校规定的 B 类及以上期刊）上发表论文 2 篇及以上学术论文。

（4）被重要国际和国内学术会议录用，参与国内外学术会议交流 1 次及以上。

8）参考文献

列出所有参考文献，遵照论文写作规范中关于正文中引用文献的方式与参考文献列出的格式的相关要求。

第 3 章　论文中的研究方法

3.1　管理学的研究方法

管理学是一门交叉学科，其研究方法没有专门的限制，以能够揭示所研究对象的运行规律、提供所研究对象的解决方案为目的，无论是基于心理学、社会学、数学、计算机，甚至是自动化、人工智能等其他学科的理论与方法，还是直接对现实世界或现实数据进行统计学分析的方法，都属于管理学的研究方法。一般说来，管理学领域的常用方法如下。

1）实证研究方法

实证研究方法包括：案例研究方法、问卷法、实验法、田野观察法、访谈法、二手数据法、扎根理论。

2）机理分析方法

机理分析方法包括：运筹学方法、博弈论方法、其他经济数学方法。

3）计算与仿真方法

计算与仿真方法包括：文本数据分析方法、蒙特卡罗方法、离散事件仿真方法、系统动力学方法、多智能体方法、定性仿真方法。

4）机器学习方法

机器学习方法包括：人工神经网络分析方法、支持向量机方法等。

下面对其中的几个常用实证研究方法进行介绍。

3.2　常用的实证研究方法

3.2.1　访谈法

访谈法，顾名思义，是指通过言语交流的方式获取与研究主题有关的信息和数据。访谈对象就是研究主题直接或间接涉及的人物。访谈法适合考察新的现象和主题，以及构建新的理论。例如，王同学想考察企业的数字化转型过程。因为数字技术（如 5G、大数据、云计算等）是新兴技术，数字化管理也属于新的管理方式，所以王同学并没有找到可以参考的、成熟的文献资料。这时，王同学可以深入数字化转型的企业，与利益相关者交流（企业负责人、高管团队、中层管理者、一般员工、企业客户等），了解在他们眼里数字化转型是什么，整个过程是如何进行的，受到哪些因素的影响，又会带来什么样的影响等重要问题。可见，访谈法可以提供与研究主题（数字化转型）相关的大量的、丰富的信息。另外，访谈法也可以让研究者明确自己想研究的某个主题是不是某个群体真正关心的问题。例如，近年来外卖骑手群体日益壮大，李同学想考察骑手的职业身份，这听起来似乎是一个很好的研究主题，但随着李同学访谈的骑手越来越多，他发现这些骑手其实并不关心职业身份的问题，对他们来说每天赚到足够的钱，能够维持自己和家人基本的生活开销才是最重要的事情。这个例子说明研究者自己关注的主题可能与样本群体的关系并不密切。当样本群体缺少对某个主题直接的、深刻的体验时，研究者是无法从他们身上获取有效的信息和数据的。从这个角度来讲，访谈法可以为问卷法打下很好的前期基础，确保问卷问题适合样本群体来回答。

在进行访谈的时候，研究者要特别注意以下几个问题。第一，要创造良好的谈话氛围。研究者和访谈对象往往是初次见面的陌生人，难免会有拘谨和不自在的反应。研究者需要尽量拉近与访谈对象的心理距离，避免出现一种居高临下或者冷漠的态度。一般来说，线下访谈肯定比线上访谈效果好，因为虚拟沟通的心理距离更远一些。在物理环境方面，研究者要选择一些安静、放松的场所，这样便于访谈对象敞开心扉。第二，要避免先入为主。研究者往往是带着问题去访谈的，这本身无可厚非，但同时研究者也应该保持一个开放的认知和态度，避免一些绝对的判断，这样才能发现新的问题。特别是访谈刚开始的阶段，研究者应该问一些相对开放和宽泛的问题，然后再根据访谈对象的回答内容，逐渐聚焦到具体的问题。第三，要做一个优秀的倾听者，适时地反馈，确保明白访谈对象的意思表达。除非访谈对象偏题很远或者重复，研究者一般不要打断其讲话。当有疑问时，研究者可以等待访谈对象讲完一个问题后，再要求他澄清或解释。第四，要做好访谈记录。录音是常见的记录手段，但需要征得访谈对象的同意。市面上有很多语音软件可以很快地、很精准地将语音转录为文字，这大大减轻了研究者的工作量。即便如此，我们还是建议研究者做好现场笔记，记录下关键的事件、主题和概念。相比于长时段的录音文字，现场笔记有助于研究者快速地把握访谈的核心内容。可参考示例 3-1。

【示例 3-1】

O'Neill 和 Rothbard（2016）在 AMJ[①]上发表的 Is Love All You Need? The Effects of Emotional Culture，Suppression，and Work-family Conflict on Firefighter Risk-Taking and Health 一文，建立并检验了典型男性组织的情绪文化理论。基于情绪文化视角考察男性特质对于组织行为学领域的研究来说比较新颖，因此，为了检验男性情绪文化对组织中员工行为的影响，作者首先进行了一项初步的定性研究。同时，因为消防员工作的职业特征与构成典型男性组织文化的许多特质相吻合，所以将消防站作为研究典型男性组织文化中情绪文化的研究背景。定性研究结果表明：快乐和友爱是消防站的情绪文化的两大主要特征，情绪抑制和工作-家庭冲突是消防员个体情绪文化的两大主要特征，并且组织层面情绪文化与个体层面差异化的情绪文化共同影响消防员的工作行为及其结果。然后，

① *Academy of Management Journal*，管理学会学报。

作者通过一项定量研究检验并发展了基于定性研究得出的结论。

定性研究采用了半结构化式的小组访谈和在消防站内观察两种数据收集方法。其中，关于半结构化式访谈，所有的访谈都有2～3名消防员参加，每一次访谈均进行了1～2小时，以尽可能确保访谈结果的充分性和数据的可靠性。在访谈正式开始前，研究人员没有预设特定的研究假设和理论框架，而是保持开放的态度。然后，在每一次访谈开始时，通过询问被访谈者一些关于消防员工作和消防站文化的开放性问题，逐渐让被访谈者“打开话匣子”，并在随后的访谈过程中由被访谈者来决定访谈内容的走向，从而创造出一种让被访谈者能够自然且放松地相互交流的环境，这不仅有助于研究人员观察到一些由被访谈者高频率提及的词语或事件，也有助于研究人员捕捉那些被访谈者自发的非语言行为，如面部表情、姿势、手势、眼神和音调等。在访谈接近尾声时，研究人员要求被访谈者描述成为一名消防员对他们生活的其他方面有何影响。最后一个问题是要求被访谈者描述他们值班时发生的一件令他们特别难忘的事情。与此同时，在每一次访谈过程中，研究人员在互不干扰的情况下独立且详细地记录现场笔记。此外，研究人员还在被访谈者知情的情况下进行录音以用于访谈结束后整理访谈的文字记录，并在每次访谈结束之后针对文字记录回顾那些被标注的词语或事件，形成研究备忘录，从而有助于关注到消防员最主要关注的问题，并注意到他们是如何处理和解决这些问题的，在更抽象的概念层面进行编码。

3.2.2 问卷法

问卷法是社会科学研究最常用的研究方法之一，它简单易行、可操作性强，能够快速方便地收集到大量数据，是社会科学研究者常用的数据收集手段。虽然问卷法适用的研究问题范围非常广泛，但主要用于理论验证，而非理论开发。换句话说，当研究者头脑中存在想要验证的研究假设或变量关系时，他们就可以通过设计问题来测量这些变量，进而通过统计手段分析这些变量之间的关系。当然，很多时候，变量的测量可以使用已有的量表，但研究者要确保这些量表经过了严格的量表开发程序，具有良好的信效度。例如，张同学通过阅读文献或者与导师讨论，想了解高绩效人力资源管理实践对员工主动行为的影响，已有文献对这两个变量有着明确的定义，相关理论也对两者的逻辑关系有着较为清晰的假设，也就是说，张同学感兴趣的问题属于理论验证类的问题，可以用问卷法来研究，通过进一步地查找文献，张同学找到了适合中国情境的量表，并开始着手设计问卷，收集相关数据。

问卷法虽然“神通广大”，但也有一些研究问题不太适合用问卷法来考察。一种情况是变量定义不清晰。这种情况意味着研究者设计的问题或使用的量表可能不能准确、全面地捕捉到变量的内涵，也就是说测量的内容效度存疑。另一种情况是难以获得研究问题所涉及的样本。假如刘同学想考察 CEO 的大五人格特质与企业创新研发投入的关系，这两个变量的定义虽然都很清晰，但要想让 CEO 填写包含几十道甚至上百道题目的大五人格量表，是一件非常困难的事情，尤其是对研究生同学来说。所以，样本的可获得性也是选择使用问卷法需要考虑的一个重要因素。

在设计问卷的时候，研究者要注意以下几个问题：第一，问卷不宜过长。问卷太长时，研究者自己可能都不愿意填写，那为什么别人会愿意填写呢？即使样本群体勉强填完问卷，但答题质量肯定堪忧。问卷填写所需的时间应该尽可能短，以控制在 10 分钟以内为宜。如果问卷长度实在无法缩减，那最好选择在线下发放，并协调样本群体的时间，在统一的地点集中填写，这样会提高他们的注意力，提升问卷填写的质量。第二，问卷的文字表达一定要清晰明了，无歧义。这一点很重要，因为很多时候研究者并不在数据收集的现场，没有机会向样本群体解释和澄清疑问。另外，很多中文量表是由外文翻译过来的，文字表达比较生硬，或者过于学术化，读起来可能很别扭。研究者应确保翻译的量表既要保留原文的意思，也要做到符合中文语句表达的规范。第三，可以加入注意力检测的题目。研究者总是会担心样本群体不认真填写问卷，抑或瞎填、乱填，但又似乎缺少足够的“证据”证明他们的回答有问题。添加注意力检测题目可为删除不合格的样本数据提供依据。注意力检测题目的设计比较主观，研究者可以自行设计，如要求在某题目上选择某个特定的答案选项。第四，注意问卷的结构。一般来说，问卷的扉页应该是知情同意书，包含研究目的的介绍、数据匿名性与保密性的保证、问卷填写的要求及研究人员的联系方式等。在问卷的正文部分，研究者应该将一些比较容易回答的问题放在前面，把测量同一变量的题目集中在一起，并注意问卷整体排版的美观与字体的大小。总之，问卷的设计应该站在样本群体的角度上考虑，提高他们填写问卷的意愿。

3.2.3　实验法

实验法是一种非常有魅力的研究方法，在验证因果关系方面发挥着举足轻重的作用。实验法有两个基本要求：一是要有实验组和控制组，实验组接受实验操作，而控制组作为参照；二是要做到随机，即将参与实验的被试随机分配到实验组和控制组中。实验法的基本目的是要验证自变量的变化会不会引起因变量的变化。自变量的变化是研究者有意为之，即一种人为操纵的变化，因为研究者就是想考察自变量的变化会带来什么样的后果。常见的实验设计包括单因素实验（只包含一个可操纵的变量）和多因素实验（包含两个或多个可操纵的变量）。

工业工程领域的经典实验研究就考察了灯光、噪声、温度等物理因素如何影响人们的工作效率。研究者通过人为地改变灯光的强弱、噪声的大小、温度的高低，来观察和记录工人的工作绩效是否会受到影响。实验法在市场营销领域也有着广泛的应用，研究者通常的做法是系统性改变营销场景（如定价策略、产品特征），来研究消费者心理和行为是如何随之改变的。实验法听起来很有趣，但真正地设计一个逻辑缜密、过程严谨的实验，并不是一件容易的事情，需要研究者具备丰富的理论和实操的经验。实验法根据刺激呈现的方式可以分为情境实验和行为实验。在情境实验中，研究者通过文字、语音或视频的方式呈现实验刺激或实验材料，并考察被试在心理层面对实验材料的感知和反应；在行为实验中，研究者要求被试真正参与到实验活动中（如某个游戏、任务等），并考察被试在行为层面的选择和判断。换句话说，情境实验只停留在考察被试的心理感受，或者是被试预期的行为决策，而行为实验关注的是在实验活动中被试实际行为的变化。根据发生的地点，实验又可以分为实验室实验和现场实验（公司、商场等外部环境），或者线下实验和线上实验。

研究者在设计和实施实验的时候，要特别注意以下几个问题。第一，实验流程的设计。无论对于哪种实验，研究者都要特别注意把握实验的整个过程。就像电影的导演一样，研究者要对实验的各个环节进行全面的设计和考量，这是一种对流程的精准控制，目的是避免任何不必要的干扰因素。从邀请被试、实验前的准备，到实验进行、实验结束，研究者要清楚相关情况，要设想可能出现的问题，提前制订解决方案，以避免出现系统性的误差。第二，实验材料的准备。实验的成败很大程度上取决于实验材料的有效性，特别是情境实验更是如此，因为它本身就是依靠被试阅读、倾听或观察某段实验材料来完成对研究变量的操纵。实验材料的准备应该充分参考已发表的文献，尽量使用以往文献使用过的实验材料，这样更容易获得同行评议的认可。如果需要准备全新的实验材料，研究者需要对实验材料进行预研究，保证操纵的有效性。第三，要注意由实验本身带来的效应。研究者通过实验的方法来验证自变量对因变量的影响，但实验本身也会带来影响，这会对研究结果产生干扰。例如，周同学计划做一个现场实验，比较对新员工采取不同培训方式的效果。他将新员工随机分成三组，一组采用讲座的方式进行培训，一组采用案例的方式进行培训，一组采用自学的方式，最后检验三组学习效果的差异。结果发现，自学和其他两种方式的效果一样好。那么，是不是可以认为以后新员工培训可以采用完全自学的方式了呢？周同学可以从霍桑效应中寻找到这个问题的答案。第四，样本的问题。研究者要考虑样本群体是否适合某个实验。学生样本是最方便易得的，但学生样本不一定适合所有的研究问题，研究者可以在数据收集平台上选择特定的样本群体。另外，样本量也是一个值得注意的问题。研究者可以基于效应量大小和显著性标准来计算所需的样本量。

【示例 3-2】

Van de Calseyde 等（2014）在 *Organizational Behavior and Human Decision Processes* 上发表的 Decision time as information in judgment and choice 文章中提出，他人的决策时间作为一种信号，可以反映决策者的决策冲突和怀疑程度，并结合情境实验和行为实验进行了探究。研究一首先是采用了公司决定录取求职者的情境。请想象你作为一名求职者，假设你面试的两家公司 A 和 B 提供的年薪分别是 4 万欧元和 4.1 万欧元，三种实验条件分别为：A 公司和 B 公司同时在面试后第 5 天决定录用你（相同的决策速度）；A 公司在 4 天后决定录用你，而 B 公司在 5 天后决定录用你（决策速度差异小）；A 公司立即决定录用，而 B 公司在 5 天后决定录用（决策速度差异很大）。第二个情境是让被试想象自己求租房子，房东的决策时间能够影响被试的最终决定。具体说明如下：A 房子和 B 房子的住户需要评估，并决定是否接受你租住他们的房子，A 房子的面积为 25 平方米，B 房子的面积为 28 平方米，二者的租金相同。三种条件分别为：A 房子和 B 房子的住户同时在 24 小时后决定为你提供房间（相同的决策速度）；A 房子的住户在 22 小时后决定为你提供房间，B 房子的住户在 24 小时后决定为你提供房间（决策速度差异小）；A 房子的住户立刻决定为你提供房间，B 房子的住户在 24 小时后决定为你提供房间（决策速度差异大）。两个情境实验结果表明，随着较差的选择相对决策速度的增加，更有利的选项吸引力降低，即决策时间可以作为信息影响个体的选择。

为了进一步验证决策时间影响个体选择的内在机制，研究者招募了大学生作为被试，参与研究二的行为实验。具体来说，参与者被告知作为一名受托人进行投资游戏，A 和 B 作为独立的投资人，可以决定是否将手中随机数量的钱交给参与者（实际上 A 和 B 都是研究者预先设定好的虚拟玩家）。A 投资者手中有 4 欧元，B 投资者手中有 4.5 欧元。一旦 A 和 B 决定将手中的钱交予参与者，参与者将获得三倍的数额，同时参与者需要决定是否返还金额及返还数量。实验过程中，A 和 B 投资者分别有 60 秒的时间决定是否将他们的钱交给参与者，并在屏幕中通过倒计时的方式强化参与者的时间信息。实际上，两位投资人的决策时间是预先设定的两种情况：A 投资者在 4 秒后决定信任并将 4 欧元给参与者，B 投资者在 28 秒后决定信任并将 4.5 欧元给参与者（决策速度差异较大）；A 投资者在 25 秒后决定信任并将 4 欧元给参与者，B 投资者在 28 秒后决定信任并将 4.5 欧元给参与者（决策速度差异较小）。在看到两位投资者都决定信任后，参与者需要决定接受哪一位的投资并进行三倍数额的分配。研究者随后对参与者感知到的怀疑进行了测量，并统计参与者决定返还的金额。

虽然上述研究结果表明，即时决策存在积极作用，人们倾向于与立即做出决策的人互动。然而，研究者考虑在谈判情境下，这种即时的决策可能代表着没有谈判余地且不灵活的特征。因此，研究者进一步通过研究三的谈判实验，探究感知到的决策冲突和怀疑是否在其中起到中介作用。和研究二的实验相似，参与者被告知作为买方参与一项谈判游戏。卖方为预先设定的 A 卖家和 B 卖家，他们手中都有三个笔记本，而参与者的目标是通过谈判用 10 欧元从两名卖家手中购买三个笔记本。实验过程中，参与者通过电脑屏幕得到如下信息：卖家 A 的笔记本要价 8 欧元，卖家 B 的笔记本要价 9 欧元。随后参与者进行出价，两位卖家有 60 秒的时间决定是否接受此价格（实际上 A 和 B 都提出了拒绝）。两位卖方的决策时间分为三种情况：卖家 A 在 3 秒后拒绝，卖家 B 在 26 秒后拒绝（决策速度差异大）；卖家 A 在 23 秒后拒绝，卖家 B 在 26 秒后拒绝（决策速度差异小）；卖家 A 和 B 均在 26 秒后拒绝（决策速度相同）。随后参与者需要决定和哪位卖家继续谈判。

3.2.4 二手数据法

对于某些研究问题来说，研究者是难以通过收集一手数据来验证的。举例来说，周同学想探究 CEO 的自恋程度对企业绩效的影响，但是发现想要对 CEO 自恋程度进行准确测量确实存在难度。一方面，自恋是一种人格特质，难以直接量化；另一方面，当 CEO 面对自恋这个敏感话题时，通常会选择回避，研究人员难以直接从 CEO 那里获得有效和可靠的自我评价报告。此外，在测量工具方面，问卷测量题项之多更是增加了数据获取的难度，因此在相关研究中较少使用这一工具对 CEO 的自恋程度进行测量。那么，周同学还能通过什么途径、使用何种方法对 CEO 的自恋程度进行测量呢？这个时候二手数据法的优势就凸显出来了。

二手数据的概念是相对于一手数据而言的，二手数据主要有四个特征：①原始数据由他人或机构收集；②原始数据的收集并不是专门为某一研究设计而进行的；③研究者在使用二手数据时，通常不会与数据所涉及的研究对象发生直接接触（如访谈、观察或问卷发放与回收）；④数据通常可以通过公共或公开渠道获取。一些常用二手数据库有国泰安数据库、万得数据库、巨潮咨询、中国工业企业数据库、中国私营企业调查、中国统计年鉴等。其中，国泰安数据库和万得数据库覆盖了中国上市公司的治理信息、财务信息及投资并购等战略行动的信息，我国学者在国际顶尖期刊上发表的文章中所使用的数据很多都是将这两个数据库作为数据来源的。除此以外，报纸、期刊、官方网站、微博等也都可以作为我们获取二手数据的来源。

在组织管理学研究领域，利用二手数据来进行基于理论的假设检验的文献不在少数，其中这些二手数据还可简单分为两种：一种是类似上市公司数据库那样已经以矩阵形式被整理和准备好的量化数据，方便使用；另一种是类似报纸杂志那样以文本形式存在的质性数据，研究者还需要对这些文本数据进一步加工整理和提炼才能使用。二手数据的优势体现在以下几个方面。①二手数据的样本量通常很大。如果采用一手数据的研究方法，由于我们个人资源的局限性，如经费和时间，样本量难以做到很大，而二手数据在时间跨度和样本大小上则具备明显优势。②二手数据通常更具客观性，基本不包含主观臆断或较少受到主观臆断的影响。③二手数据通常更具可复制性。理论上说，对于任何一篇使用二手数据的实证论文，只要它对数据的选取和变量设置描述得比较清晰，我们都可以对其进行复制。相比之下，对于采用一手数据的文章，除非作者愿意分享数据，通常我们难以对该研究进行“原样”复制。

研究者在使用二手数据的时候，需要特别注意以下几个问题。第一，理论优先于数据。几乎任何研究都应从理论假设入手，在发展理论假设的过程中需要考虑数据来源，但在二手数据分析中不能仅仅关注统计上的显著性。第二，理论概念与代理指标的契合度。二手数据里包含的经济、技术或者地理人文信息，对于经济学、社会学的研究常常是合适的，但是管理理论中很多抽象的概念如人格特质、战略决策、行为认知等，很难在二手数据中找到直接的测量指标，这就需要研究者建立理论概念与代理指标之间的联系。然而，很多情况下，面对二手数据的可得性与形式上的限制，一些研究者不得不做出妥协，采用一些与理论概念有一定程度关联但契合度相对较弱的既有指标作为替代。第三，二手数据的准确性和可靠性。除此以外，数据在录入整理过程中也可能出现系统误差或偶然误差。第四，研究者应该避免在数据管理使用过程中出现错误。目前，利用二手数据的研究越来越倾向于大样本面板数据，但在数据整理过程中极易出现错误，因此研究者可以通过建立数据手册系统记录每一步，这样能够在一定程度上减少使用二手数据时发生偏差。可参考示例 3-3 的写法。

【示例 3-3】

Chatterjee 和 Hambrick（2011）在 ASQ[①]上发表的 Executive personality, capability cues, and risk taking: How narcissistic CEOs react to their successes and stumbles 一文考察了 CEO 承担风险的决定因素。作者根据先前的理论文献，假设自恋抑制了近期客观绩效对 CEO 风险承担的影响，相比自恋程度低的 CEO，高度自恋的 CEO 不会因为糟糕的绩效而受到劝阻，也不会因为良好的绩效而更受鼓舞。相比之下，高度自恋的 CEO 会因为社会赞许（如媒体表扬和媒体奖励）而变得更加大胆冒险。为了检验这些假设，作者以 Execucomp 数据库为二手数据来源，以 1992 年至 2006 年计算机软件和硬件上市公司为样本，使用四个标准衡量 CEO 自恋程度：CEO 照片的突显程度、CEO 在公开报道中被提及的次数、CEO 的相对现金薪酬水平与 CEO 的相对非现金薪酬。具体来说，CEO 照片的突显程度分为 4 个等级：如果公司年报（年度报告是从 Mergent Online 和公司网站获得的）中 CEO 的照片是他的个人独照且照片占据半页以上的空间则为 4 分；若为个人独照，但占据不足半页的空间则为 3 分；若照片为 CEO 与一名或多名高管合影，则为 2 分；若没有 CEO 照片或公司没有发布年报则为 1 分。CEO 在公开报道（公开报道从 Factiva 获取）中的突出程度是通过 CEO 在公司新闻报道中被提及的次数除以公司其他高管被提及的次数计算得出；CEO 的相对现金薪酬通过将 CEO 的现金薪酬（工资和奖金）除以该公司仅次于 CEO 的第二大高管的薪酬计算得出；CEO 的相对非现金薪酬是通过 CEO 的非现金薪酬递延收入、股票赠与、股票期权与公司第二大高管的非现金薪酬比例来衡量的。薪酬数据来自 Execucomp 数据库。而后，作者将四个指标进行标准化，取其算术平均值生成 CEO 自恋指数。在中国情境下，由于我国上市公司年报很少展示

---

① Administrative Science Quarterly，管理科学季刊。

公司领导人照片，CEO照片的突显程度这一指标并不适用，文东华等（2015）在测量CEO自恋程度时舍弃了这一不适用的指标，并利用微博与博客这一在国内流行的社交网络平台来获取CEO的性格信息，并进一步转化成量化数据。因为自恋者通常会利用各种机会和平台向外界展示自己，认为自己是最好的，最值得崇拜的，他们总会坚持自己的观点，较少认同别人的观点，于是文东华等（2015）通过统计CEO原创微博和博客的数量占其发表微博和博客总数的比例得到一个新的CEO自恋衡量指标。

3.2.5 案例研究方法

案例研究是社会科学领域常用的一种研究方法。

1. 定义

案例研究是指运用一个或者多个案例，根据案例中的数据、资料和信息，创建理论构念、命题和理论的一种研究策略（李平和曹仰锋，2012）。当待研究现象与其背景环境之间的界限非常模糊时，研究者通常会采取案例研究方法，深入分析现实生活环境中正在发生的现象，即“案例”，以归纳产生理论。案例研究通常具有以下三个特征：待研究的变量比数据点还要多，需要多渠道收集资料并进行交叉分析，需要提出假设指导资料收集与案例分析（罗伯特·K.殷，2010）。

2. 适用范围

案例研究至少具有三个用途，用于解决三个方面的问题。首先是描述性研究（descriptive study），用于描述某种客观事实及其所处的现实情境，它试图回答的问题是“事实怎么样”。其次是解释性研究（explanative study），探讨事实发生的原因和过程，它努力回答的问题是“为什么如此”，解释事实与各种因素之间存在的因果关系或者关联关系。最后是探索性研究（exploring study），当事实与影响因素之间的因果关系不明显，或者关联关系复杂多变时，研究者通过一个或者多个案例，认识和理解事实，试探性回答“这是什么”的问题。

但是，案例研究也具有明显的局限性。由于缺乏严格的研究步骤，所以案例研究通常被视为是一种“软性”的研究方法。经常有人怀疑案例研究非常随意，缺乏严谨性，没有可遵循的程序，证据模棱两可，研究结论不可信。那么，如何将案例研究变成一种“硬”研究呢？这就需要致力于寻找一条严谨的方法论路径。

3. 基本步骤

案例研究是在收集的资料与拟研究的问题之间建立清晰的逻辑联系的过程。通过案例研究明确阐述与研究内容相关理论的方法，被称为“分析归纳”（analytic generalization），而通过统计归纳得出结论的方法属于“统计归纳”（statistical generalization）。为了规范案例研究，殷博士提出了案例研究应当注意的五个要素（罗伯特 • K.殷，2010），也就是案例研究应当遵循的基本步骤。

第一，明确研究问题。不同的研究问题可以选择的方法具有较大的差异性。研究者可能对“技术创新现状如何？”“什么组织参与了技术创新？”“为什么有些国家创新取得了成功，而有些却面临着失败？”“创新最活跃的国家是哪个？”等问题感兴趣。案例研究非常适合描述性研究（怎么样）、解释性研究（为什么）和探索性研究（是什么）。如果待研究现象与其背景环境之间的界限比较模糊，那么研究者就可以选择案例研究方法。

第二，提出假设。假设是一种推测。在明确研究问题之后，研究者需要对研究问题有一个合理的推测，指导案例选择与分析。需要注意的是：一方面，这种假设是研究者基于观察或者灵感做出的一种推测，显然不同于实证研究中基于现有理论演绎推理出的理论假设；另一方面，不是所有的假设都需要写在论文当中。例如，探索性案例研究无法提出明确的假设。基于研究目的和研究问题，研究者可以提出选择探索性案例的标准以及期待实现的研究结果。这种案例选择标准和期待实现的结果可以视为一种假设，但是可以不写入论文。

第三，界定“案例”。“案例”是案例研究的主要研究对象，只有合理地界定案例并明确案例的范围，才能展开有效的研究。由于案例研究是从个别到一般的分析归纳过程，所有案例选择必须具有典型性或者特殊性。因此，在选择案例时，问得最多的一个问题是：你为什么选择这个（这些）案例？在论文中，研究者需要对案例的典型性进行必要的说明。

第四，在资料与假设之间建立逻辑关系。随着计算机软件技术的发展，案例研究的资料整理与数据处理可以由软件辅助完成。如何在资料与假设之间建立逻辑关系，不仅是案例研究的核心内容，而且需要研究者运用一定的技巧。殷博士介绍了三种建立逻辑联系的常用技巧。第一种是模式匹配技术。将案例研究得出的结论与现有理论或者可能的假设进行匹配。模式匹配的结果可能与现有理论或者假设一致，也可能出现差异。对模式匹配结果进行详细性解释，就可以建立一种逻辑关系。第二种是时间序列分析法。将案例中的关键事件，按照时间序列进行排列。这种时间序列的案例描述不仅可以形成令人印象深刻的描述性分析，而且能够揭示一些潜在的因果关系。第三种是建设性解释。对于一些开放性问题，现有文献或者理论尚未提供很好的解释。通过案例研究，对开放性问题提出有关事实产生或者存在的因果关系。

第五，确定研究结果合理性的标准。在实证研究中，统计分析的结果是否具有统计学意义，是否应当被采纳，通常具有一个明确的标准，即 P 值。但是，案例研究没有一个明确的判断研究结果是否具有普遍意义的标准。在这种情况下，衡量解释研究结果是否合理的标准，是将案例研究结论与相对立的竞争性解释进行对比。拒绝相对立的竞争性解释越明显，说明案例研究结论越具有普遍意义；拒绝相对立的竞争性解释越多，说明案例研究发现越重要（罗伯特 • K.殷，2010）。为了使案例研究结果更具合理性，研究者需要寻找与案例研究结论相对立的一个或者多个竞争性解释，并与案例研究结论进行详细对比。

4. 效度与信度

案例研究面临的较多的质疑是：主观性太强，结论是否有效？研究结果是否可信？为了尽量消除对案例研究质量的怀疑，研究者在进行研究设计时，必须遵循案例研究的基本步骤，并且通过一些检验来确定研究过程和结论的科学性。因此，案例研究一定要进行信度和效度的检验。在判断案例研究质量时，研究者通常使用如下四种检验方法。

1）构念效度

构念效度（construct validity），有时也被称为建构效度，是指为了测量构念而形成的具有操作性的指标，它是指测验能够测量到理论上的构想在多大程度上能够说明理论结构或者特质的程度。构念（construct）是指为了构建理论，研究者明确定义的抽象概念或者特质。例如，为了探究专利权能给权利人带来哪些收益，研究者抽象出一个构念“专利商业价值”。研究者发现专利权人主要是运用专利技术生产产品，于是将专利产品产量或者销量作为衡量专利商业价值的指标。那么，这个构念效度如何？实际上，仅以专利产品销量反映专利商业价值是不准确的。专利权人还可以通过专利许可获得许可费，或者通过专利诉讼获得专利侵权赔偿。这可能是研究者在收集资料时，没有收集到反映专利许可费或者专利侵权赔偿数额的资料或者数据。为了提高构念效度，研究者需要进行构念效度检验。

第一种检验方法是“三角互证”（triangulation），也称为“三角验证”，即采取多元理论视角，从不同来源收集资料，并对各种资料进行相互交叉印证（瑟琳·马歇尔和格雷琴·B.罗斯曼，2015）。三角互证是案例研究资料收集阶段的常用方法。从几何的角度讲，三角形是一种非常稳定的几何图形。三角互证的方式可以是多种多样的：不同资料来源、不同评估员、不同维度和不同方法等。以不同资料来源为例，常用的六种资料来源包括：文件、档案记录、访谈、观察、参与性观察和实物证据（罗伯特·K.殷，2010）。如果三种以上来源的资料或者信息能够相互印证，那么说明资料是可靠的。对于知识产权研究而言，法律政策、法院判决书和专利文献是常用的资料，资料来源属于文件类型。

第二种检验方法是形成证据链。从问题推导出结论需要相关证据的支持，而相互印证的证据将形成一条完整的证据链。如果完整的证据链足以支持双向推导：从问题推导结论，或者从结论反推最初的问题，那么完整的证据链表明研究是有效的。

2）内在效度

内在效度（internal validity）是指证明某一特定因素产生特定结果，主要用于解释性或者因果性案例研究检验。解释性案例研究是为了证明某一行为或者事件 X 是否会导致另一行为或者事件 Z。在案例研究中，研究者可能基于资料推导出事件 X 导致事件 Z 的结论。但是，这种推导是否正确？事件 X 导致事件 Z 是必然的，还是偶然的？研究者要想证明其研究的科学性，就需要进行内在效度检验。内在效度检验的方法有很多：模式匹配、构念解释、竞争性解释，或者使用逻辑模型（罗伯特•K.殷，2010）。比较简单易行的检验方式是提出竞争性解释。

提出竞争性解释，是指在原有解释（X）之外提出一种相反的，或者存在竞争关系的另一个解释（Y）。从方法上，可以理解为是通过更换相反或者竞争性的自变量，再次进行因果关系解释。由于原有解释 X 与更换的解释 Y 存在着竞争性关系，所以如果能够证明 Y 不能导致 Z 的结论，那么就证明原有解释完全是科学合理的。与此相反，如果能够推导出 Y 导致 Z，那么就说明原有研究存在问题。通过提出竞争性解释可以有效地检验解释性案例分析和内在效度。

3）外在效度

外在效度（external validity）是指案例研究结论是否具有可归纳性或者普遍性（罗伯特•K.殷，2010），即研究结论是否已经归纳成为理论，并可以适用于相同情境下的其他案例。外在效度的检验方式可再次检查案例研究拟解决的原始问题。选择案例研究通常是为了解决某种问题：进行描述性研究，回答“怎么样”的问题；或者开展解释性研究，解释“为什么”的问题；或者进行探索性研究，回答“是什么”的疑问。如果在探索性研究中只是回答“是什么”，那么将面临着理论归纳的困难，或者难以概括出具有普遍性的研究结论。如果将研究问题拓展到“怎么样”或者“为什么”的研究问题，那么案例研究结论就具有可归纳性。在多案例研究中，还可以通过不断重复归纳过程来验证研究结论的外在效度。

4）信度

信度（reliability）也就是人们常说的可靠性。具体而言，信度是指研究过程和结论是否具有可复制性，即其他学者按照研究者陈述的步骤，重复进行案例研究，是否可以得到相同的研究结论。确保案例研究信度较简单的方法，是详细记录案例研究的每一个过程和步骤。如果案例研究过程记录不清，或者案例撰写过程中没有全面且清晰地汇报研究过程，那么读者就会对案例研究的信度产生怀疑。为了减少案例研究中的错误或者偏差，信度检验是案例研究非常重要的一个环节。

信度检验较直接的方法是建立案例研究资料库。对不同来源的资料或者数据，在编码的基础上建立完整的资料库。在研究资料非常丰富的情况下，研究者可以借助一些质性研究软件，对收集的资料进行编码和管理。

信度检验的第二种方法是拟订详细的案例研究草案，呈现案例研究设计与研究过程。案例研究草案通常包含四个部分：案例研究简介、资料收集过程、具体研究问题以及研究报告撰写指南索引（罗伯特•K.殷，2010）。

案例研究质量高或低在很大程度上取决于研究方法是否适当。研究者可以使用自查表 3-1 对案例研究质量进行自我检查。如果在研究设计过程中没有考虑效度与信度，那么案例研究究竟是好还是坏，研究结果是否可信都将难以判断。因此，研究者需要对案例研究质量进行自查。只有研究设计和研究结论具有效度与信度，才能表明案例研究质量是有保证的。可参考示例 3-4 的写法。

表 3-1 案例研究质量自查表

名称	含义	检验方法	检验结果
构念效度	测验能够测量到理论上的构想在多大程度上能够说明理论结构或者特质的程度	三角互证	
		形成证据链	
		其他方法	
内在效度	证明某一特定因素产生特定结果（适用于解释性或者因果性案例研究）	提出竞争性解释	
		其他方法	
外在效度	研究结论的可归纳性或者普遍性	研究问题的类型	
信度	研究过程和结论的可复制性或可靠性	建立案例研究资料库	
		拟订案例研究草案	
		其他方法	

【示例 3-4】

选取一篇已经毕业硕士研究生的学位论文（熊瑶，2021），用于说明如何运用案例研究方法开展知识产权研究。

1）研究背景

如何管理作品，特别是摄影作品、文字作品或者音乐作品，已经成为版权管理领域讨论的热点问题。摄影作品（俗称“图片作品”），在数字时代，其管理面临着更大的困难与挑战。摄影作品数量庞大，作者分散，应用场景广泛。但是，对于作者或者著作权人而言，维权的时间成本和经济成本太高，即使胜诉之后获得的版权侵权赔偿数额也较少。因此，如何有效管理作品是需要解决的理论与实践问题。

2019 年 4 月 10 日，“事件视界望远镜”（Event Horizon Telescope，EHT）公布了人类历史上首张“黑洞”照片。根据我国著作权法的规定，“黑洞”照片属于摄影作品，“事件视界望远镜”享有著作权。为了促进科学的普及，“事件视界望远镜”选择了《知识共享署名 4.0 国际许可协议》，即在尊重署名权的前提下，许可任何人自由使用。然而，2019 年 4 月 11 日，视觉（中国）文化发展股份公司（以下简称“视觉中国”）在其网站上上传了印有“视觉中国”标识的“黑洞”照片用于销售，并注明“视觉中国获得了图片授权，如需商用，需要付费”。“视觉中国”在不享有著作权的情况下，对已经获得自由使用授权的作品，向社会公众主张图片使用费用。同时，人们发现我国的“国旗”、“国徽”和许多企业标识图片，均被“视觉中国”打上水印放在网站上销售。这是因为“视觉中国”采用了人工智能技术——“鹰眼”系统——管理作品。

人工智能技术中的机器爬虫、自动标签、图像识别、智能搜索、自动标签等技术的运用，为在互联网上获得、保存、分发、利用海量作品提供了可能。相比于传统作品管理模式，运用人工智能技术管理碎片化的作品，正在成为一种新的商业模式。但是，这种新的商业模式可能侵犯作者权益，破坏公平竞争秩序，损害社会公共利益。

2）研究问题

将人工智能技术运用于作品管理，究竟是一种商业模式创新，还是一种著作权侵权行为？一种商业模式要具有可持续性，必须符合法律规定。运用人工智能技术管理作品存在哪些知识产权风险？

3）资料收集

该案例研究采取多种渠道收集案例资料：①与视觉中国及其主要参股公司有关的著作权纠纷的民事裁判文书；②上市披露的相关信息，如公司的年报、季报、公告、研报等；③视觉中国及其子公司获得的知识产权，如申请的专利、注册的商标、登记的软件著作权等；④公开的可用数据，包括媒体的新闻报道和对公司高管的采访或访谈等。

4）分析结果

图 3-1 呈现了案例分析结果。利用人工智能技术管理作品，具有三个方面的创新：①创新了作品的获取与保存方式；②创新了用户了解并使用作品的方式；③创新了发现用户著作权侵权行为的方式。因此，利用人工智能技术管理作品是一种新的商业模式。

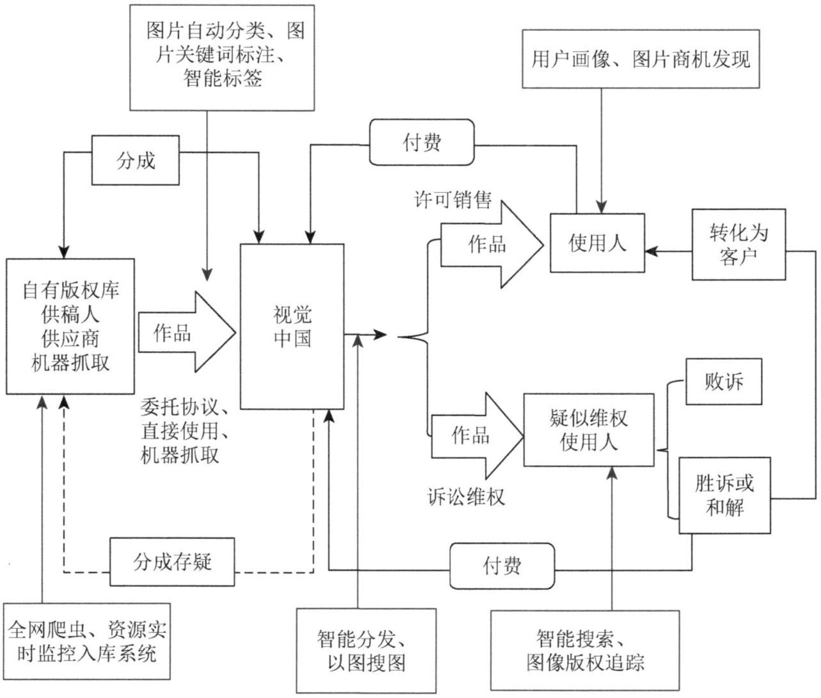

图 3-1　利用人工智能技术管理作品的商业模式

表 3-2 呈现了对利用人工智能技术管理作品的著作权风险评估结果。著作权风险评估结果表明：利用人工智能技术受托管理作品，通过正常方式进行著作权许可，是完全合规的行为；直接通过机器抓取他人图片，并主张图片使用费是违规行为；还有一些行为可能存在侵权风险，需要具体情况具体分析。

表 3-2　利用人工智能技术管理作品的著作权风险评估

价值创造（图片获取方式）	价值传递（图片使用方式）	价值获取和分配（图片收益与分成）	著作权风险评估
机器抓取图片	诉讼维权式营销	视觉中国 + ?	违规
机器抓取图片	正常许可销售	视觉中国 + ?	有风险
代理（签约供稿人）	诉讼维权式营销	视觉中国 + 签约供稿人?	有风险
代理（签约供稿人）	正常许可销售	视觉中国 + 签约供稿人	合规
代理（合作供应商）	诉讼维权式营销	视觉中国 + 代理合作供应商?	有风险
代理（合作供应商）	正常许可销售	视觉中国 + 代理合作供应商	合规
自有版权库	诉讼维权式营销	视觉中国	有风险
自有版权库	正常许可销售	视觉中国	合规

5）效度与信度

为了证明研究结论的合理性，学位论文的撰写者对案例研究的效度与信度进行检验和说明。从研究问题类型来看，该论文旨在回答“是什么”和“怎么样”的问题。该案例研究属于探索性研究和描述性研究。表 3-3 呈现了案例研究质量自查表的检验结果。由于在案例设计过程中注意了案例研究的效度和信度，所以该案例研究过程和结论是合理且可信的。

表 3-3　如何使用案例研究质量自查表

<table>
<tr><th>名称</th><th>含义</th><th>检验方法</th><th>检验结果</th></tr>
<tr><td rowspan="3">构念效度</td><td rowspan="3">测验能够测量到理论上的构想在多大程度上能够说明理论结构或者特质的程度</td><td>三角互证</td><td>√</td></tr>
<tr><td>形成证据链</td><td>√</td></tr>
<tr><td>其他方法</td><td>—</td></tr>
<tr><td rowspan="2">内在效度</td><td rowspan="2">证明某一特定因素产生特定结果（适用于解释性或者因果性案例研究）</td><td>提出竞争性解释</td><td>—</td></tr>
<tr><td>其他方法</td><td>—</td></tr>
<tr><td>外在效度</td><td>研究结论的可归纳性或者普遍性</td><td>研究问题的类型</td><td>是什么
+怎么样</td></tr>
</table>

续表

名称	含义	检验方法	检验结果
信度	研究过程和结论的可复制性或可靠性	建立案例研究资料库	√
		拟订案例研究草案	√
		其他方法	—

3.2.6　扎根理论

当收集到足够资料之后，研究者就需要对资料进行编辑、描述、分析和解释。分析质性资料，通常遵循以下过程。第一，分析特定的事件或者人物。第二，抽象出具有特殊意义的范畴（categories）、类型（classes）、属性（properties）和概念（concepts）。第三，揭示它们彼此之间已经建立的联系。第四，将已经呈现出来的特定联系，通过定义和测量概念或者构念，形成明确的陈述，即命题（propositions）。第五，不断重复上述步骤，反复验证构念彼此之间的关系，直至最终形成稳定的、可信的命题。虽然对质性资料进行分析的方法和技术较多，如分析性归纳、持续性比较分析等，但是近年来扎根理论（grounded theory）受到越来越多的关注。

1）定义

扎根理论最初由哥伦比亚大学学者施特劳斯（Strauss）和格拉泽（Glaser）在 20 世纪 60 年代提出。扎根理论是指通过质性资料分析构建理论的一种方法论。本质上，扎根理论是一种研究策略，是分析定性资料或者数据的一种方式（贝尔，2013）。它强调理论构建必须建立在数据和事实的基础上，即理论是从数据或者事实中归纳而来的。与其他质性研究方法的不同之处在于，扎根理论希望从经验性资料或者数据中产生理论，而不仅仅是单纯描述现象或者解释现象。为了生成理论，研究者选择研究对象，收集详细资料，再通过资料或者数据分析发现、拓展和检验理论。

2）适用范围

扎根理论的基本原理是，分析行动者在处理某一问题时可能采取的行为模式（pattern）、发现异常行为（variation），并将这些行为模式运用理论呈现出来（朱丽叶 • M.科宾和安塞尔姆 • L.施特劳斯，2015）。分析是揭示事物是什么、为什么，或者如何发挥作用的研究过程，是赋予资料含义的行为。质性资料分析通常包含一些基本步骤。①分解资料，也就是将收集的质性资料分解为各种研究单元，即成分或者组成。②发现属性和维度。属性是指一个研究对象、事件或者行动的特征，而维度是指具有同一属性的研究对象、事件或者行动的不同表现形式。通过分解资料，发现研究对象、事件或者行动的特殊性，并予以定义。③概念化。根据研究对象、事件或者行动的属性和维度，形成一系列构念或者概念。概念是指能够代表一类研究对象、事件或者行动共同属性的词语。研究者运用经验和方法，抽象出概念或者构念，并赋予其含义。构念或者概念是质性资料分析的基础，是研究的锚定点（anchor points）。④概念整理（conceptual ordering）。对概念进一步抽象，形成范畴。通过概念整理，将不同概念进行分类，形成不同范畴。⑤形成理论。理论是指解释特定现象或者行为的一个框架（朱丽叶·M. 科宾和安塞尔姆·L.施特劳斯，2015）。将不同逻辑关系的范畴呈现出来，形成明确的命题。

质性研究的目的是通过质性资料分析，形成一套完整的概念范畴，通过揭示它们彼此之间的联系，解释特定现象或者行为。在质性资料分析过程中，如何实现研究目的需要选择并运用有效的分析工具。扎根理论是帮助研究者形成理论常用的一种分析工具。

3）基本步骤

扎根理论可能以不同的方式呈现。科宾和施特劳斯详细阐述了质性资料三级编码的基本步骤：开放性编码、主轴性编码和选择性编码。而格拉泽和施特劳斯则只采取二级编码：开放性编码和选择性编码。开放性编码是对质性资料进行概念化，而选择性编码是将概念通过假设连接起来形成理论。沙茨曼提出了一种维度分析（dimensional analysis）的方法，即采取一种类似主轴编码的技术——“讲述故事”。维度分析的基本范式为：（从）视角、（属于）维度-属性、（在……中）情境、（在……下）条件、（具有）结果的行动/过程。但是，科宾和施特劳斯修订了扎根理论的传统编码步骤，认为编码可以不局限于三级，也可以采取备忘录或者图表等方式构建理论（朱丽叶·M.科宾和安塞尔姆·L.施特劳斯，2015）。扎根理论的核心是如何从质性资料中提取概念、抽象出范畴，并形成命题。为了便于读者了解扎根理论，这里我们简要介绍传统的三级编码技术和步骤。

第一步是开放性编码。开放编码是在分析质性资料的基础上，对研究对象、事件、行为进行编码，以提取概念和发现范畴的过程。研究者按照初始编码对质性资料进行分析，根据研究对象、事件或者行为的属性进行命名，予以概念化，形成一系列的概念。然后，根据维度和属性的差异，将各个概念进行分类，形成不同的范畴。

第二步是主轴性编码。主轴编码是在不断比较的基础上，将具有共性或者相似特征的范畴聚类在一起，形成彼此联系的链条，即主轴。在本质上，主轴编码是一个将不同范畴聚类的过程，以形成整体描述理论构建的基本轮廓。

第三步是选择性编码。范畴可以分为主要范畴和次要范畴。主要范畴，即核心范畴（core category），是指在一系列范畴中处于连接中心位置的范畴。选择性编码是在识别核心范畴的基础上，围绕核心范畴形成命题，并予以理论解释。解释就是我们常说的“讲述故事”。核心范畴就是故事的主线。围绕核心范畴，详细阐述核心范畴彼此之间关系，以及核心范畴与次要范畴之间的联系，从而形成命题，构建理论。

4）资料饱和与理论充分

为了构建一个可信的理论框架，研究者还需要对扎根理论的研究过程和结论进行检验。通常需要从质性资料和理论构建两个维度进行检验。

资料饱和是指即使进一步收集更多的资料，也不会带来更多具有价值的信息。资料饱和度检验是对研究者收集的资料是否充分，或者充分程度进行检验。只有资料饱和了，才能确保研究结论的有效。

理论充分是指研究者形成的概念、范畴和命题能够很好地描述收集的资料，并且概念、范畴和命题与资料相吻合。理论充分度检验就是对研究结论与质性资料的匹配度和抽象程度进行检验。在传统扎根理论中，理论充分检验也被称为理论饱和度检验。理论饱和是指无论如何增加资料，都不能提供新的概念、范畴或者命题，只是产生相同的发现。如果增加新的质性资料，能够发现新的概念、范畴或者命题，那么说明构建的理论未饱和。此时研究者需要继续补充资料，不断重复三阶段编码过程，对概念、范畴或者命题进行修正，直至不会产生新的概念、范畴或者命题，即达到了理论饱和。但是，有学者认为理论饱和是一个“不幸的比喻”，使用“理论充分”概念比“理论饱和”一词更为准确（瑟琳・马歇尔和格雷琴・B.罗斯曼，2015）。因为任何人都不可能知道每一件事情的全部，记录或者反映事实真相的资料仍是有限的。因此，我们用“理论充分度检验”代替传统的“理论饱和度检验”。

为了确保研究结论的可信，研究者除进行理论充分度检验之外，还可以采取三角验证、成员核查、交互编码等策略进行效度和信度检验。可参考示例 3-5。

【示例 3-5】

选取一篇硕士研究生撰写的学位论文（肖汝莉，2022），用于说明如何运用扎根理论开展知识产权管理研究。

1）研究背景

公共健康是人类社会存续和发展的根本要求，而药品则是公共健康的重要保障。解决公共健康问题必须兼顾药品的创新和药品的可及性，药品创新决定了是否“有药可医”，而药品可及性则决定了是否“有药可用”。专利作为研发和产品之间的中间体，是创新活动的关键产出和新产品开发的重要技术资源。医药企业既在专利权的排他性权益刺激下进行着持续的创新活动，开发出了创新药品用以治疗疾病；也利用着专利权的排他性权益，提高药品价格，限制药品产能，阻碍技术流动，加剧了药品可及性问题。这一冲突在经济和科技相对落后的发展中国家表现得尤为明显：一些发展中国家既无力实现药品的创新，又无力购买价格高昂的药品，国民健康也无从得到保障。因此，如何平衡好公共健康和药品专利保护之间的矛盾，实现公共利益最大化，一直以来都是政府、学界和产业界共同关注的问题。在新的时代背景下，如何平衡疫苗企业专利权与公共健康之间的冲突显得尤为重要。

2）研究问题

现有文献主要是从政府或者国际组织的视角，研究公共健康和药品专利保护之间的冲突与协调，却忽视了医药企业对专利许可策略的主动选择。例如，大量文献研究专利强制许可制度。特别是在新冠疫情的特殊时期，现有文献既缺乏对新冠疫情特殊性的充分考虑，也鲜有对医药企业专利许可实践的梳理与分析。为了弥补现有研究的不足，论文主要研究三个问题：①新冠疫苗创新活动中，疫苗企业选择了怎样的专利许可策略？②疫苗企业的专利策略选择，对公共利益产生了哪些影响？③如何选择专利许可策略，才能实现公共利益的最大化？

3）研究方法选择

研究问题决定了论文属于探索性研究和描述性研究。在特定情境下，运用扎根理论探索疫苗企业如何选择专利策略，是非常适当的。面对错综复杂的关系，扎根理论采用“收集数据—形成理论—补充数据—完善理论”的研究过程，有助于资料与分析的持续衔接。当出现与现有范畴不同的新范畴时，就对现有理论进行修正，再把新的范畴纳入理论框架，不断拓展和完善现有理论。

4）案例选择

论文以新冠疫苗为研究对象。为了确保研究的有效性，论文选取了世界卫生组织紧急批准使用清单（以下简称“EUL”）中的几个新冠疫苗产品作为典型案例。EUL 程序是世界卫生组织在突发公共卫生事件中，为迅速提供药物、疫苗和诊断方法以应对危急情况而设立的特殊程序。疫苗选择遵循严格的安全性、有效性和质量标准，具备很高的权威性和较大的影响力。此外，EUL 清单下的几种新冠疫苗覆盖了多种技术路径，涉及多类企业。因此，表 3-4 列举的几个新冠疫苗产品，完全符合案例研究的多样性和典型性要求。

表 3-4 世界卫生组织紧急批准使用清单中几个新冠疫苗产品

制造商	疫苗品名	技术路径	制造商所在国
辉瑞/BioNTech	Comirnaty	mRNA	美国、德国
Moderna	SpikeVax	mRNA	美国
阿斯利康	Vaxzevria	腺病毒载体	英国
印度血清研究所	Covishield	腺病毒载体	印度
强生	Janssen COVID-19 Vaccine	腺病毒载体	美国
北京国药	COVILO	灭活病毒	中国
科兴生物	CoronaVac	灭活病毒	中国
巴拉特生物科技	COVAXIN	灭活病毒	印度
Novavax	Nuvaxovid	蛋白亚基	美国

论文遵循多案例研究程序。由于不同技术路径的新冠疫苗产品在专利状态、开发难度、产品特点等方面存在较大差异，所以论文将案例划分为 4 组。表 3-5 列出了新冠疫苗产品的分组情况。由于 mRNA 疫苗创新性最强且影响力较大，所以论文以 mRNA 疫苗为例，进行详细的单案例分析，将研究过程和步骤复制到其余 3 组案例，以验证理论充分度。

表 3-5　世界卫生组织紧急批准使用清单中的几个新冠疫苗产品分组情况

案例编号	技术路径	制造商
案例 A	mRNA	辉瑞/BioNTech
		Moderna
案例 B	腺病毒载体	阿斯利康
		强生
案例 C	灭活病毒	北京国药
		科兴生物
		巴拉特生物科技
案例 D	蛋白亚基	Novavax

5）资料收集

确定资料收集主线：技术创新是指将过去未有的生产要素组合引入生产体系的过程，是从技术、产品再到市场的完整过程。新冠疫苗的研制和分发，是一个典型的技术创新。因此，论文循着“技术—产品—市场”的思路收集案例资料。

数据类型：论文收集以二手资料为主。资料来源包括：①政府、组织公告类；②企业公告、年报类，政府、企业合同文本类；③新闻报道类；④期刊文献类；⑤专利文件类；⑥音频、视频、数据追踪器等其他类型资料。为确保资料的可靠性，论文从多角度，以多来源收集数据，对资料进行了三角验证。

信效度检验：论文进行效度与信度检验。①在构念效度方面，论文通过多种渠道获得原始资料，数据之间彼此印证，形成三角关系。②在外在效度方面，论文使用了逐项复制法，用扎根理论进行详尽的单案例研究，再通过逐项复制的方法，分析余下案例，验证资料饱和度，得出补充的概念与范畴。③在研究信度方面，论文建立了案例数据库，保证了研究的可重复性；严格遵循扎根理论三级编码流程，对标签和概念进行反复比较，直至得出可靠的范畴。④由于论文属探索性研究，所以无须检验内在效度。

6）编码流程

开放性编码：为确保编码的科学性与严谨性，论文遵循规范的开放性编码程序。①概念化：在保证原始资料含义得到充分表达的情况下，精炼展示其内容，为这一语句或段落“贴标签”，再将部分属性相似的标签整合在一起，以完成“概念化”的过程。②范畴化。将表现同一现象的概念进行聚类，可对现有概念进行进一步凝练。表 3-6 呈现了开放性编码过程。

表 3-6 开放性编码过程

原始资料	贴标签	概念化	范畴化
（Moderna 公告）在大流行继续的同时，Moderna 不会针对那些制造旨在抗击大流行的疫苗的公司强制执行我们与 COVID-19 相关的专利。此外，为了消除大流行期间疫苗开发的任何知识产权障碍，我们还愿意根据要求在大流行后将我们的 COVID-19 疫苗知识产权许可给其他人	Moderna 承诺不在疫情期间执行专利	带时间限制的专利承诺	专利承诺
BioNTech 的联合创始人兼高管表示，如果非洲企业自行生产未经授权的 BioNTech 疫苗，BioNTech 没有计划执行其知识产权	BioNTech 承诺暂不会对非洲地区执行专利	带区域限制的专利承诺	专利承诺
世界卫生组织支持的南非 Afrigen Biologics 已着手复制 Moderna 疫苗……世界卫生组织之所以选择 Moderna 的疫苗进行复制，主要是由于该公司承诺在大流行期间不强制执行专利	非洲企业自行复制 Moderna 疫苗	专利承诺促进非洲疫苗自研进程	专利承诺

主轴性编码：在对资料进行开放性编码之后，按照扎根理论的研究流程，需要在开放性编码的基础上继续进行主轴性编码，即将各类属加以联结形成更具概括性的范畴，达到理论的完整性。通过主轴性编码，共得到 9 个主范畴，如表 3-7 所示。

表 3-7 主轴性编码过程

主范畴	副范畴	范畴内涵
C1 技术积累	A1 背景专利	疫苗开发过程中涉及的第三方专利
C2 产品研发	A2 研发方	疫苗产品的研发方
	A3 疫苗专利	保护疫苗产品的专利
C3 产品生产	A4 制造商	得到了疫苗生产授权、拥有商业化权利的企业
	A5 代工商	受疫苗研发方或开发商委托进行生产的企业
C4 产品分发	A6 疫苗产品	新冠病毒疫苗商业化产品
	A7 公众	疫苗的使用者
C5 政府与国际组织	A8 资金支持	政府或国际组织对企业提供的资金支持
	A9 技术合作	政府或国际组织对企业提供的技术帮助
	A10 行政干预	政府的强制力措施，包括疫苗上市流程监管、实施强制许可、豁免疫苗专利等
	A11 平台搭建	政府或国际组织搭建的技术或产品的共享平台
C6 资本市场	A12 资金融通	资本市场对企业资金融通作用
	A13 经营干涉	投资者对企业经营的干涉行为
C7 企业经营	A14 利润获取	企业从疫苗产品中获取的利益
	A15 经营投入	企业为开发疫苗所投入的资金成本
C8 专利策略	A16 专利申请	企业围绕其疫苗产品进行专利申请的活动
	A17 专利诉讼与被许可	企业遭受或主动发起专利诉讼，以及获得专利许可的活动
	A18 专利承诺	企业承诺不执行其专利权的行为

续表

主范畴	副范畴	范畴内涵
C8 专利策略	A19 专利许可	专利持有人的专利许可及分许可活动，本文主要考虑对发展中国家的专利许可活动
C9 产品策略	A20 定价策略	企业对产品定价的相关策略，包括分级定价和不盈利承诺等
	A21 分发策略	企业在产品分发上采取的相关策略

选择性编码：通过选择性编码，论文共提取出 3 个核心范畴：创新活动、利益关系、策略选择，如表 3-8 所示。

表 3-8　核心范畴编码

核心范畴	关联的主范畴
I 创新活动	C1 技术积累、C2 产品研发、C3 产品生产、C4 产品分发
B 利益关系	C5 政府与国际组织、C6 资本市场、C7 企业经营
S 策略选择	C8 专利策略、C9 产品策略

通过对范畴内涵内在逻辑的梳理，论文发现：利益关系和策略选择均围绕着创新活动展开，疫苗企业的策略选择受到利益关系的影响。论文以创新活动为主线，将核心范畴进行联结，整理出了一条故事线。利益关系影响企业的技术创新行为，也影响药品企业的专利策略选择。

7）理论充分度检验

在对 mRNA 路线疫苗编码之后，论文对另外 3 组案例进行逐项复制编码，且均产生了新的概念，如表 3-9 所示。但是，这些概念只是丰富了现有范畴，并未产生新的范畴，这说明论文研究已经达到理论充分。

表 3-9　逐项复制过程中的新增概念

案例企业	典型资料	新增概念	所属范畴
Novavax	2013 年，Novavax 收购了 Isconova AB 公司，并由此获得了 Matrix-TM 佐剂平台	通过收购获取专利	专利诉讼与被许可
科兴&国药	2021 年 5 月，科兴成立金砖国家疫苗研发中国中心，通过线上线下结合的方式，推进五国疫苗联合研发和试验、合作建厂、授权生产、标准互认等工作	建立技术转让中心	专利许可
牛津-阿斯利康	牛津大学在 2020 年 4 月承诺将其冠状病毒疫苗的权利捐赠给任何制药商……牛津大学改变了方向。它与阿斯利康（AstraZeneca）签署了独家疫苗协议，该协议赋予这家制药巨头独家权利	放弃专利承诺	专利承诺
	阿斯利康承诺不在大流行期间从疫苗中获取利润	不盈利承诺	定价策略
强生	疫苗全年销售额为 24 亿美元，仅为公司总收入的 2.5%（2021 年报整理）	利润未及预期	利润获取

续表

案例企业	典型资料	新增概念	所属范畴
强生	强生公司将本着非盈利性原则提供其新冠肺炎疫苗的紧急使用	不盈利承诺	定价策略
	强生在2021年年底关闭了其名下唯一一家能够灌装疫苗的工厂，它的关闭意味着强生公司短时间内无法对外销售疫苗	关停工厂	分发策略

8）研究结论

通过对4组案例的扎根研究，论文发现新冠疫苗技术创新的一般路径。图3-2显示：疫苗企业基于自身技术积累，以专利许可或者收购、并购等方式，获取疫苗开发所需的背景技术，研发出疫苗，申请并获得疫苗专利权，通过专利许可等方式授权给制造商，或者委托代工商生产，并将疫苗产品分配给社会公众。

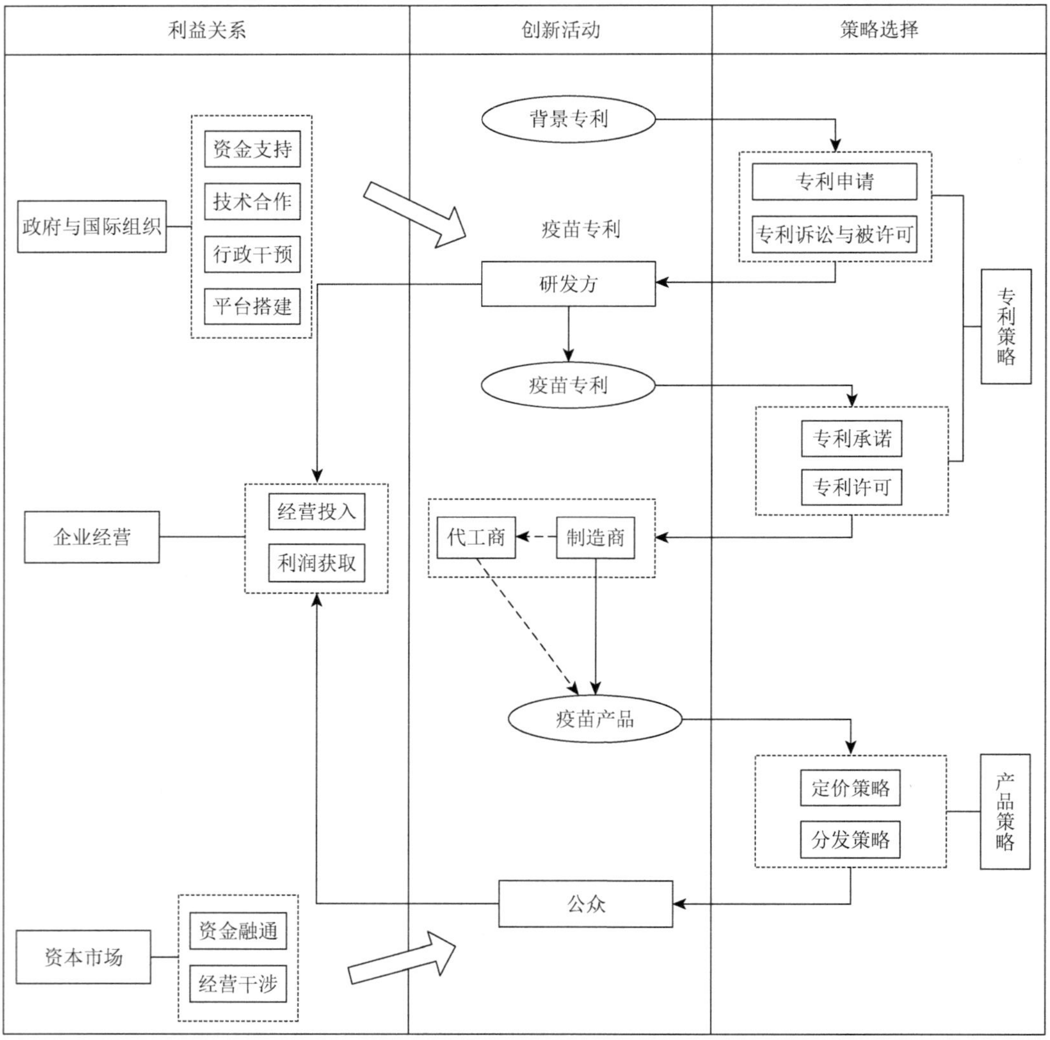

图3-2 新冠疫情下药企疫苗专利策略选择机制

在技术创新活动中，专利策略选择涉及三种重要的利益关系：政府与国际组织、资本市场、企业。政府与国际组织的影响主要表现为资金支持、技术合作、行政干预和知识共享、产品分发平台的搭建；资本市场的影响主要表现为促进企业资金的融通和股东对经营的干涉；而企业的影响则体现为对研究与开发的投入以及疫苗产品利润的获取。

为了平衡疫苗专利权与公共健康之间的冲突，企业可以灵活选择专利策略和产品策略，以实现疫苗产品的可及性。疫苗生产阶段主要采取专利承诺和专利许可策略。在疫苗的分配阶段，则采取差异化定价策略和分发策略。

3.3　实证金融研究方法

金融学属于社会科学范畴，以计量经济学方法为基础开展研究，通过数理统计对公司金融问题进行定量分析。其典型的定量研究方法包括线性回归模型（如最小二乘法、OLS 回归）、Logit 回归模型、Probit 回归模型等。在进行公司金融研究中常常会遇到内生性问题，从经验上来讲主要有四种常见形式：①遗漏解释变量；②X 与 Y 互为因果，也称为反向因果关系；③选择偏差问题，包括样本选择偏差（样本选择的非随机性）和自选择偏差（无法观测到的随机扰动项同时影响 X 和 Y）；④测量误差问题。

常见的解决内生性问题的方法包括：①固定效应模型（fixed effects model，FE），控制个体层面、时间层面的差异；②Heckman 两阶段模型，克服样本选择偏差；③工具变量法（instrumental variable analysis，IV），将可能是内生的变量 X 分解为外生部分和内生部分，克服自选择偏差问题；④双重差分法（differences-in-differences，DID），利用完全外生的自然事件冲击，将样本划分为实验组和控制组进行比较分析；⑤断点回归（regression discontinuity design，RD），同 DID 一样也是利用自然事件冲击，但是 RD 仅考虑对临界值两侧进行分组比较研究；⑥倾向得分匹配（propensity score matching，PSM），为实验组的每个个体匹配最相似特征的对照个体，减少数据偏差和混杂变量的影响。

3.3.1　线性回归模型

在公司金融领域最常用的研究方法是采用最小二乘法（ordinary least square，OLS）对线性回归模型的参数 β 进行估计。回归分析是研究相关关系的一种数学工具，它能通过一个变量的取值估计另一个变量的取值。线性回归是指以参数 β 为线性的一种回归（即参数 β 只能以一次方的形式出现）。线性回归模型为

$$y = \alpha + \beta_1 x_1 + \beta_2 x_2 + \cdots + \beta_n x_n + \mu$$

其中 y 表示因变量；x 表示自变量；α 和 β 表示回归系数；μ 表示随机误差项。

最小二乘法主要用于线性回归的参数估计，它的基本原则是：通过最优拟合直线使得各点到该拟合直线的残差平方和（residual sum of squares，RSS）最小。OLS 线性回归的目标是通过减小因变量真实值与预测值的差值来获得模型参数（包括 α 和 β）。为能够

恰当解释 OLS 回归的线性模型系数，数据必须满足如下统计假设：①正态性，要求对于固定的自变量值，因变量值呈正态分布；②独立性，要求因变量之间相互独立，不存在多重共线性；③线性相关性，要求因变量和自变量之间呈线性相关；④同方差性，要求因变量的方差不随自变量的不同而变化，即因变量方差不变。OLS 模型作为公司金融基准模型，突出的优点是简单；缺点则是模型过于简单，仅适用于线性回归分析。

【示例 3-6】

Ru H（2018）在 JF[①]上发表的 Government Credit，a Double-Edged Sword：Evidence from the China Development Bank 一文，通过 OLS 回归与 2SLS[②]方法运用来自中国国家开发银行（China Development Bank，CDB）的专有数据，检验了政府信贷对企业行为的影响。在省级层面，包括 31 个省份 1998—2013 年 95 个行业未偿贷款总额的月度数据；在市级层面，包括 1998—2010 年 310 个城市中基础设施项目和工业企业的未偿贷款总额的年度数据。同时，从中国统计年鉴中获得各省区市的经济数据（地区生产总值、人均收入、总就业和财政收入等）。结合银监局 2007—2012 年的贷款数据，作者将国家开发银行对工业企业的贷款进一步细分，发现其 95%的工业贷款流向了国有企业。考虑到私有化的国有企业，仅 2%自始至终均为私营企业。因此，可以将国家开发银行的工业贷款粗略视为国有企业贷款。此外，作者还从 Zechen 数据库和百度百科中获得了 1949—2013 年 334 个城市的市委书记数据，并从中国工业企业数据库（Chinese Industry Census，CIC）中筛选获得国有企业数据。为了考察国家开发银行国有企业贷款对同行业私营企业的影响，作者根据企业位置、行业代码将国家开发银行省-行业未偿贷款年度数据与企业 CIC 数据匹配，以国家开发银行发放的国有企业贷款作为自变量，国有企业和非国有资产的总资产、雇佣规模、总负债和总销售作为因变量，通过 OLS 回归初步得到国家开发银行贷款的影响。为克服国家开发银行借贷流存在的内生性问题，作者采用两阶段最小二乘法进一步研究国家开发银行贷款对企业的影响、国有企业贷款的“溢出效应”、基础设施贷款和工业贷款对私营企业的不同影响。研究结果发现，在促进国有企业扩张的同时，主要流向国有企业的工业贷款会抑制同行业内的私营企业发展、促进下游行业私营企业增长。此外，国家开发银行对基础设施建设的贷款有助于促进私营企业发展。因此想要充分把握政府信贷的影响，必须考虑到供应链上下游企业和政府信贷的不同类型。

3.3.2 Logit 回归模型

Logit 模型是对传统线性回归模型的扩展，其对 x 的数据类型没有要求，x 可以为定

① Journal of Finance，金融杂志。

② two-stage least squares。

类数据（虚拟变量），也可以为定量数据，但要求 y 必须为定类数据，并且根据 y 的选项数，使用相应的数据分析方法。Logit 回归一般分为三类：一是二元 Logit 回归，其因变量是两组分类数据；二是多分类无序 Logit 回归，其因变量分类数据多且无序；三是多分类有序 Logit 回归，其因变量分类数据多且有序。

此处，具体举例二元 Logit 回归的分析步骤。二元 Logit 回归的基本特点是因变量必须是二分类变量。若令因变量为 y，则常用 $y=1$ 表示“Yes”；$y=0$ 表示“No”。自变量可以为虚拟变量，也可以为连续变量。从模型的角度出发，一般将事件发生的情况定义为 $y=1$，事件未发生的情况定义为 $y=0$。当因变量仅有 0 和 1 两种取值时，传统线性回归模型 $y=\alpha+\beta_1x_1+\beta_2x_2+\cdots+\beta_nx_n+\mu$ 难以适用，因为传统线性回归模型的取值范围为（$-\infty,+\infty$）。此时可以在传统线性回归基础上进行 Logit 变换，具体方法介绍如下。

（1）创建变量 Ω。Ω 又称概率或相对风险（odds），是事件发生概率与不发生概率的比值。Ω 的值域为$[0,+\infty)$。

$$\Omega=\frac{p}{1-p}$$

（2）将 Ω 转换为 ln(Ω)。ln(Ω)即 Logit p，取值范围为（$-\infty$，$+\infty$），这与传统线性回归的取值相同。

$$\ln(\Omega)=\ln\left(\frac{p}{1-p}\right)$$

（3）经过 Logit 变换后，即可使用传统线性回归模型建模分析。

$$\ln\left(\frac{p}{1-p}\right)=\alpha+\beta_1x_1+\beta_2x_2+\cdots+\beta_nx_n+\mu$$

多分类无序 Logit 回归是二元 Logit 回归的扩展，其选择因变量 y 中众多类别之一作为参照，拟合剩余各类别相对于此参数的 Logit 回归模型。假设因变量包含 g 个类别，以第 g 个类别作为参照组，则多分类无序 Logit 回归就有（g–1）个方程。多分类有序 Logit 回归在多分类无序 Logit 回归的基础上需要进行平稳性检验。对于多分类有序 Logit 回归，每个自变量的偏回归系数只有一个，而多分类无序 Logit 回归的自变量系数可以不同。因为 Logit 回归经过对数变换后已经不是线性模型，不能使用最小二乘法进行回归，所以一般采用极大似然估计法（maximum likelihood estimate，MLE）。MLE 的原理是：给定样本值之后，找到一个参数，使得在总体中观测到现有样本数据的可能性最大。Logit 回归的优点在于，分类计算量非常小，易于理解和实现；缺点则主要是当特征空间很大时，逻辑回归容易欠拟合，一般准确度不高。当前 Logit 回归广泛运用于数据挖掘、病理诊断、信用评估与风险预测等领域。可参考示例 3-7 的写法。

【示例 3-7】

Bonsall S B 等（2017）在 CAR[①] 上发表的 Deciphering Tax Avoidance: Evidence

① *Contemporary Accounting Research*，当代会计研究。

from Credit Rating Disagreements 一文，运用 Logit 回归模型探讨了避税行为在信用评级过程中的作用，以及评级机构对避税行为风险相关性的解释是否存在差异。作者通过四种不同的指标来考察避税行为，这些指标包括公认会计原则（generally accepted accounting principles，GAAP）、有效税率（effective tax rate，ETR）、五年现金 ETR 以及 Henry 和 Sansing（2014）提出的五年代理现金避税行为。采用两种方式来定义评级机构的信用评级差异：穆迪投资者服务公司（Moody's Investors Service）和标准普尔公司（Standard & Poor's）之间存在差异标准普尔（S&P）初始信用评级差与穆迪（Moody's）和标准普尔初始信用评级差的绝对值。作者选用 1994 年至 2013 年发行债券和中期票据的上市公司，从而集中研究债券发行过程中的信用评级，因为债券并不是都在发行日才获得信用评级，因此作者保留债券发行前 30 天从穆迪（Moody's）和标准普尔获得的债券信用评级，其余关于债券的数据来自 FISD（美国固定收益债券数据库）。最终文中使用 45 191 个拥有信用评级的债券样本，为了获得发行人财务数据，作者将每一笔债券同 COMPUSTAT 数据库公司财务数据进行合并，剔除金融行业公司和多次一个月中多次发行债券的公司，最终得到 4780 个公司-年样本观测值。随后作者构建了二元 Logit 和多分类有序 Logit 回归模型，在该模型中被解释变量信用评级差异（disagreement）使用两个替代变量衡量，一是以 Split 表示，当穆迪与标准普尔存在评级差异时，定义为 1，否则为 0；二是以 SplitMag 衡量，其表示将信用评级从高到低编码后，穆迪与标准普尔之间的评级差异，这一指标数值为 1～6，意味着差异从小到大。研究结果表明穆迪和标准普尔对避税行为相关成本和收益的评估是一致的，两者在评估过程中的差异，导致评级结果的差异更明显。在税收状况不确定程度相对较高、海外经营、高研发投入或税收脚注不透明等种情形下，两家机构的评级结果在避税行为上的差异最显著。这项研究表明，公司有能力缓解或加剧评级机构的评级差异。

3.3.3 Probit 回归模型

Probit 回归模型是一种与 Logit 回归模型类似的广义线性模型，其对因变量与自变量的要求同 Logit 回归。从分布角度来看，Probit 函数和 Logit 函数几乎重叠，但二者反映的含义不同。Logit 函数等于 $p/(1-p)$，此处 p 指事件结果发生的概率；而 Probit 函数等于 $F^{-1}(p)$，此处 F 指的是累积的标准正态分布函数，所以 F^{-1} 指的就是累积标准正态分布函数的反函数，即表示自变量对累积标准正态分布函数的逆作用。

和 Logit 回归一样，Probit 回归也分为三类：二元 Probit 回归、多分类无序 Probit 回归和多分类有序 Probit 回归。

此处具体举例二元 Probit 回归的分析步骤。假设因变量 y 的取值为 0 或 1，令

$p_i = p(y_i = 1/x_i)$，表示在 x_i 一定条件下 $y_i = 1$ 的概率；$(1 - p_i)$ 则为在 x_i 一定条件下，$y_i = 0$ 的概率。

（1）定义一个连续的被解释变量 Y^*，使 $y_i^* = \alpha + x_i\beta + \varepsilon_i$，$\varepsilon_i \sim N(0, 1)$，且 $y_i^* > 0$ 时，$y_i = 1$，则有

$$\begin{aligned} p(y_i = 1 | x_i) &= p(y_i^* > 0) = p(\alpha + x_i\beta + \varepsilon_i > 0) \\ &= p(\varepsilon_i > -\alpha - x_i\beta) = p(\varepsilon_i < \alpha + x_i\beta) \\ &= \varphi(\alpha + x_i\beta) = p_i \end{aligned}$$

其中 φ 表示标准正态分布的累积分布函数，这个变换称为 Probit 变换。

（2）经过 Probit 变换后，即可使用传统线性回归模型进行建模分析。

$$\varphi^{-1}(p) = \alpha + \beta_1 x_1 + \beta_2 x_2 + \cdots + \beta_n x_n + \mu$$

因为经过 Probit 变换后已经不是线性函数，此处同 Logit 一样只能采用极大似然估计 Probit 回归模型的系数。使用二元 Probit 回归模型进行回归分析时需要满足以下三个条件：①被解释变量是二元选择的，即被解释变量的取值为 0 或 1；②被解释变量是多元解释变量的非线性函数；③自变量之间不存在多重共线性。多分类无序 Probit 回归和多分类有序 Probit 回归与相应的 Logit 回归相同。

以上分析可以发现，Logit 回归和 Probit 回归类似，Logit 回归强调因变量的最终结果是发生还是不发生，其取值有明显的 0～1 分化；而 Probit 回归研究的是在因变量具有两种相反属性时，随着自变量的变化，因变量取某属性的比例变化情况。一般情况下，Probit 回归更适用于从有计划的试验中获得的数据，而 Logit 回归更适用于直接的观测数据。但在实际中 Logit 回归比 Probit 回归的应用更广泛，这是因为 Logit 回归中的偏回归系数可以输出自变量发生比（odds ratio，OR）的估计值，进而给出直观的解释。Probit 回归中偏回归系数的含义为其他自变量取值保持不变时，自变量每改变一个单位出现某结果的概率密度值的改变量，显然解释起来比较麻烦。可参考示例 3-8 的写法。

【示例 3-8】

Chemmanur 等（2014）在 RFS① 上发表的 Corporate Venture Capital，Value Creation，and Innovation 一文，检验了企业风险投资（corporate venture capital，CVC）和独立风险投资（independent venture capital，IVC）在促进创业企业的创新活动方面是否存在差异。作者从 Thomsom VentureXpert 获得了 1846 个从非金融公司获得资金的 VC，从中得到了 926 个有明确母公司的 CVC，其中 562 个 CVC 的母公司为上市公司。若创业公司至少获得一个 CVC 投资者的投资，则此创业公司定义为有 CVC 背景的公司。基准回归的样本公司为从 1980 年到 2004 年的 IPO（initial public offering，首次公开募股）公司。选择 IPO 公司的原因在于，非上市公司的财务特征数据难以获得，因此无法设置控制变量。IPO

① *Review of Financial Studies*，金融研究评论。

公司的清单从 Security Data Company（SDC）和 Global New Issues Database 获取。进行样本筛选之后，将两组数据进行拼接，得到 2129 个有 VC 背景的 IPO 公司，其中 462 家公司有 CVC 背景。创新产出作为被解释变量，使用专利申请数量的对数[ln（patents）]和单位专利被引数的对数[ln（Citations/patents）]进行衡量。解释变量为公司 CVC 参与程度，采用 IPO 公司是否有 CVC 背景（CVC Backing Dummy）、背后的 CVC 数量（Number of CVCs）和获得的 VC 资金中来自 CVC 的份额（CVC share）这三种方法度量。基准回归发现，CVC 背景的公司比 IVC 公司有更强的创新产出。为了进一步确保研究结果不是由于 CVC 投资的公司更成熟导致（这种公司一开始的创新能力就更强），作者使用了每一轮 VC 投资的数据进行 Probit 回归。被解释变量为虚拟变量，若给定轮次的 VC 融资来自 CVC，则取值为 1；若来自 IVC，则取值为 0。解释变量包括三类变量：创业公司特征变量、公司所处行业上市公司总体特征和本轮融资前已投资的 IVC 声誉水平。Probit 回归系数估计结果发现，CVC 背景的公司创立时间更短，且面临的行业风险更高。由此可见，CVC 背景公司更强的创新能力并非由于其在获得融资前就更成熟。最终研究发现，相比于获得 IVC 资金的公司，获得 CVC 资金的公司创立时间更短、面临的风险更大、盈利能力更差。但这些公司更加具有创新性，表现为有更高的专利产出。

3.3.4 固定效应模型

固定效应模型（fixed effects model，FEM）是一种控制面板数据中随个体变化但不随时间变化的一类变量的方法。顾名思义，固定效应是不随时间或个体变化的因素，它是难以观测的。模型中之所以要加入固定效应，是因为这些因素可能与解释变量相关，如果包含在扰动项中则会产生内生性问题。在面板数据线性回归模型中，对于不同的截面或不同的时间序列，如果模型的斜率系数是相同的，只是模型的截距项不同，则称此模型为固定效应模型。固定效应模型可以分为三类：①个体固定效应模型，其对于不同的时间序列（个体）只有截距项是不同的。一般采用无约束模型和有约束模型的回归残差平方和之比构造 F 统计量，检验设定个体固定效应模型的合理性。②时间固定效应模型，其对于不同的截面（时间）只有截距项是不同的。其也是通过构建 F 统计量判断是否设立时间固定效应模型。③时间个体固定效应模型，其对于不同的（截面）、不同的时间序列（个体）都有不同的截距项。

固定效应模型的应用前提是假定全部研究结果的方向与效应大小基本相同，即各独立研究的结果趋于一致，一致性检验差异无显著性。因此，固定效应模型适用于各独立研究间无差异，或差异较小的研究。因为其实验结果只想比较每一自变项之特定类目或类别间的差异，及其与其他自变项之特定类目或类别间交互作用效果，而不想依此推论到同一自变项未包含在内的其他类目或类别的实验设计。与固定效应模型相关的是随机效应模型（random effect model，REM）、混合效应模型（mixed effect model，MEM）。随机效应模型是经典的线性模型的一种延伸，就是把原来（固定）的回归系数看作随机变量，一般假设都是来自正态分布。混合效应模型则假设模型里一部分系数是随机的，一部分是固定的。随机效应最直观的用处就是把固定效应推广到随机效应，可以使个体观测之间就有一定的相关性，进而用来拟合非独立观测的数据。那么，应如何选择固定效应模型和随机效应模型？一般采用 Hausman 检验，比较固定效应和随机效应下参数估计中的斜率系数是否有差别，若差别显著则应采用固定效应模型（稳健优先），否则采用随机效应模型（效率优先）。可参考示例 3-9 的写法。

【示例 3-9】

Hsu 等（2014）在 JFE[①]上发表的 Financial development and innovation: Cross-country evidence 一文，采用基于面板数据的固定效应模型，确定了金融市场发展影响创新的两种经济机制及股票市场和信贷市场在其中所扮演的异质角色。作者选用 32 个国家的创新和金融发展数据，包括美国、英国和日本等发达国家，以及俄罗斯、印度和巴西等新兴国家。这些原始数据主要源于 1976—2006 年的国家经济研究局（National Bureau of Economic Research，NBER）专利数据库、Worldscope（WS）数据库以及世界发展指标和全球发展金融（WDI/ GDF）[②]数据库。随后作者构建固定效应模型，被解释变量为企业创新绩效，采用专利申请量、引用率加权后的专利数、专利原创性、专利一般性及研发经费进行衡量；解释变量为股票市场的发展情况（股票市值/GDP）、信贷市场的发展情况（信贷值/GDP）。作者分别控制工业增加值、工业出口比例，以及国家（年）固定效应和行业固定效应。除了研究股票市场和信贷市场的发展对创新的单独影响外，作者还研究了整体金融市场发展对创新的影响，即将股权和信贷水平结合起来构建整体的金融发展指标[（股票市值 + 信贷值）/ GDP]。此外，作者通过国家-行业固定效应、对国家/地区的标准误差进行聚类、使用替代变量、技术层面创新变量等方式对基准回归结果进行稳健性检验。结果表明，更加依赖外部融资和高技术密集型产业的行业在股票市场发展较好的国家表现出更高的创新水平，而信贷市场的发展似乎阻碍了具有这些特征的行业的创新。

3.3.5　Heckman 两阶段模型

Heckman 两阶段模型适用于解决由样本选择偏差（sample selection bias）造成的内生性问题。样本选择偏差指的是我们在回归方程中估计出的参数是基于那些被选择进样本的数据点（或者说能够观测得到的数据点）得出的。如果一个数据点（观测值）被选择进样本是一个外生的、纯随机的事件，那么据此得出的参数并不会有偏差（bias）。反之，

① *Journal of Financial*，金融经济学杂志。

如果样本在选择过程中受到内生因素的影响，则会导致样本代表性偏误，导致回归结果有偏。Heckman 两阶段模型的功能就是试图纠正这种偏差导致的估计偏误，其第一步是使用 Probit 回归模型，并根据回归结果计算逆米尔斯比（inverse mills ratio，IMR），第二步是将 IMR 代入模型进行回归。

以“受教育程度及工作经验对于女职工工资的影响”为例，在一个有 753 位女性的大样本中，428 位女性是有工作的，所以这项研究只能在这 428 位有工作（或有收入）的样本中展开，因为我们无法观测到 325 位没有工作的样本中受教育程度及工作经验对于收入的影响。但是，一个人选择工作或不工作并不是随机的，往往会受到潜在的收入水平、自身条件、家庭情况、年龄等因素的影响。因此，仅分析 428 位有工作的女性将是有偏差的，因为样本选择并非随机的。在 Heckman 两阶段模型的第一阶段中，采用一个包含全样本（753 人）的 Probit 模型估计一个人参加工作与否的概率，因变量表示是否参加工作的 0-1 变量；自变量是一些会影响个人决定参加工作与否的外生变量，如其他收入来源、年龄等。依据 Probit 模型为每一个样本计算出 IMR，进而为每一个样本计算出一个用于修正样本选择偏差的值。在第二阶段中，只需要在最开始的基准回归模型（428 个样本）中加入 IMR 估计出回归参数即可。如果 IMR 的回归系数不显著，则说明最初的回归方程并不具有样本选择偏差，研究者可以根据原来的系数来做出统计推断；如果 IMR 的参数是显著的，则说明样本存在选择偏差，研究者应当根据第二阶段里的回归系数做出统计推断。可参考示例 3-10 的写法。

【示例 3-10】

刘小鲁和李泓霖（2015）在《经济研究》上发表的《产品质量监管中的所有制偏倚》一文，从所有制角度考察我国国家产品质量监督抽查的公正性。作者依据被抽查的企业名称把 2009 年的中国国家质检总局质检数据与中国工业企业数据合并，再将合并后企业数据类型分为：未抽检企业、产品合格企业和产品不合格企业（排除 2009 年出口企业）。在给定的抽样范围内抽样应该具有较强的随机性，且产品检验不应受到人为因素的干扰，质检结果的披露应与产品质量检测结果存在一致性，因此作者提出两个假设：①所有制不影响抽样；②所有制不影响质检结果。于是，作者构建 Probit 回归模型，被解释变量为是否被抽检的 0-1 变量和抽检是否合格的 0-1 变量，解释变量是企业所有制。产品质量监督检查的抽样是一个样本选择的过程。如果抽样完全随机，那么样本选择不会造成估计结果的有偏性。如果抽样过程并非完全随机，解决方案为：①添加外生的控制变量尽可能控制样本选择因素；②Heckman 两步法。通过控制企业年限、企业规模、国内市场份额等潜在因素变量，基本可以避免由此所导致的样本选择偏误问题。为进行稳健性检验，使用 Heckman 两步法对质检结果方程进行估计，以二元样本选择模型（bivariate sample selection model）为基础来估计包含样本选择的 Probit 模型。结果表明不存在显著的样本选择偏误问题。

3.3.6　工具变量法

在回归模型中，当解释变量与误差项存在相关性（内生性问题）时，使用工具变量法（instrumental variable，IV）可以得到一致的估计量。一个合适的工具变量需要满足以下四个条件：①与所代替的随机解释变量高度相关；②与随机误差项不相关，即与因变量不相关；③与模型中其他解释变量不相关；④当同一个模型引入多个工具变量时，这些工具变量之间不相关。其基本思想是虽然解释变量与误差项存在一定的相关性，但是解释变量中也会有部分与误差项不相关。因此，如果可以把解释变量分解为内生部分与外生部分，则可以使用解释变量的外生部分进行回归，工具变量在其中就是起到分离内生和外生部分的作用。一般而言，在找到合适的工具变量后，既可以直接将工具变量替代随机解释变量进行分析，也可以采用两阶段最小二乘法（2SLS）进行处理。严格来讲，IV 是 2SLS 的特例，当内生变量个数等于工具变量个数时，称为 IV 法；当内生变量个数少于工具变量个数时，称为 2SLS。此处简单介绍下 2SLS 方法。

（1）假设线性回归模型中，x_1 表示内生的，x_2 表示严格外生的，则此时至少需要一个工具变量替代解释 x_1，具体为

$$y=\alpha+\beta_1x_1+\beta_2x_2+\cdots+\beta_nx_n+\mu$$

（2）假设已经找到一个与 x_1 高度相关、与随机误差项 μ 和被解释变量 y 不相关的工具变量 i_1，在第一阶段，使用 i_1 对 x_1 进行回归，得到拟合估计系数，进而通过外生变量的预测回归估计内生变量 x_1 的外生部分。需要注意的是，为保证 2SLS 的一致性，必须把原线性回归模型中的所有外生解释变量都放入第一阶段进行回归，具体为

$$x_1=\alpha+\gamma_1i_1+\gamma_2x_2+\cdots+\gamma_nx_n+\mu$$

（3）以第一阶段预测回归得到的 x_1 外生部分 x_1' 代入线性回归模型进行分析，具体为

$$y=\alpha+\delta_1x_1'+\delta_2x_2+\cdots+\delta_nx_n+\mu$$

以上可以看到工具变量法的关键是选择一个有效的、能够有明确经济含义的工具变量，但是因为工具变量选择的困难，有两方面不足难以避免：①工具变量不是唯一的，因此工具变量估计量有一定的任意性；②误差项实际上是不可观测的，因此要寻找严格意义上的与误差项无关、而与所替代的随机解释变量高度相关的变量非常困难。可参考示例 3-11。

【示例 3-11】

Giannetti M 等（2015）在 JF[①] 上发表的 The Brain Gain of Corporate Boards: Evidence from China 一文，通过中国市场中一个独特的数据集，研究了具有国外

① *Journal of Finance*，金融杂志。

经历的管理者对企业带来的影响。为考察拥有国外人才的公司特征，作者将企业中拥有国外经历的董事成员比例作为被解释变量，使用公司层面和省份政策特征作为解释变量。于是，作者手工收集了有关外国教育和工作经验的信息，包括 1999 年至 2009 年在 A 股市场上公开交易的所有非金融公司的执行和非执行董事的工作经验、国外教育背景等。在排除缺少财务状况的公司之后，最终样本由 1667 家公司和 13 840 份公司-年度观察组成。此外，作者从网络和公司年报中获取样本公司的董事组成等信息，筛选 32 823 名董事构建样本库，并通过各种新闻和互联网搜索对获得的信息进行了交叉验证。通过这种方式，作者获得了有关董事会成员在国外获得的学位、授予该学位的学术机构等信息。如果董事曾在中国以外学习或工作，作者即认为他有国外经验。文章排除在中国公司外国分支机构工作的中国人。最终，在董事级别上，作者获得 32 823 名独特的董事和 138 092 份个人-企业-年度观察。通过 OLS 回归结果发现，拥有更多国外经验董事比例的公司规模上更大，具有更高的国外所有权水平，并且国有水平较低。随后作者进一步考察国外人才的引入对公司绩效造成的具体影响。具体地，作者将企业市账比（Market-to-Book Ratio，MTB）作为具体的公司绩效指标，使用公司管理层国外人才比例作为核心解释变量。为了减轻分析的内生性问题，作者使用“省份人才政策”作为工具变量，如果公司所在的省份-年份存在人才引进政策，则设为 1，否则为 0。最终结果表明，具有国外经验的董事比例会对公司的估值产生重大积极影响。文章研究表明，当有国外经验的个人加入公司董事会时，公司的表现会有所改善，而公司的运作方式也有所不同。相较于董事会成员获得的收益，这样的行为对公司估值的积极影响很大。因此，通过成功地吸引人才，政府可以极大地使公司生产力和绩效受益。

3.3.7 双重差分法

双重差分法（differences-in-differences，DID），也称为“倍差法”，其本质是依托自然实验进行估计。具体来说，基准 DID 模型设置为

$$y_{it} = \alpha + \beta_1 d_u + \beta_2 d_t + \beta_3 d_u \times d_t + X_{it} + \varepsilon_{it}$$

其中 d_u 表示分组虚拟变量，若个体 i 受自然事件的影响，则个体 i 属于处理组，对应的 d_u 取值为 1；若个体 i 不受自然事件的影响，则个体 i 属于控制组，对应的 d_u 取值为 0。d_t 表示自然事件发生时间虚拟变量，自然事件发生之前 d_t 取值为 0，自然事件发生之后 d_t 取值为 1。$d_u \times d_t$ 表示分组虚拟变量与自然事件发生时间虚拟变量的交互项，其系数 β_3 可以很好地反映该自然事件的净效应。那么，为什么说系数 β_3 能够体现出净效应呢？可以通过表 3-10 来体现。

表 3-10　DID 模型相关参数表

项目	自然事件发生前	自然事件发生后	Difference
处理组	$\alpha+\beta_1$	$\alpha+\beta_1+\beta_2+\beta_3$	$\beta_2+\beta_3$
控制组	α	$\alpha+\beta_2$	β_2
Difference	β_1	$\beta_1+\beta_3$	β_3（D-in-D）

从 DID 的模型设置来看，要想使用 DID 模型必须满足以下两个关键条件：一是必须存在一个具有试点性质的自然事件冲击，这样才能找到处理组和控制组，所以一次性全铺开的事件并不适用于 DID 分析；二是必须具有至少两年（事件发生前后各一年）的面板数据集。

但是，DID 有个关键的前提条件：共同趋势（common trends），也就是说，处理组和控制组在事件发生之前必须具有相同的发展趋势。因此，在采用 DID 进行初始回归分析后，首先需要进行共同趋势检验。即便处理组和控制组在事件发生前的趋势相同，仍要注意是否同时发生了其他可能影响趋势变化的政策，也就是说，事件干预时点之后处理组和控制组趋势的变化，可能并不真正是该政策导致的，而是同时期其他的政策导致的。这一问题可以概括为处理变量对产出变量作用机制的排他性，对此，可以进行如下的检验。

（1）安慰剂检验，通过虚构处理组进行回归，具体可以采用以下两种方法：①选取事件发生之前的年份进行处理，如原来的事件发生在 2008 年，研究区间选为 2007—2009 年，这时可以将研究区间前移至 2005—2007 年，并假定事件发生年份为 2006 年；②选取已知的并不受事件发生影响的群组作为处理组进行回归，如果不同虚构方式下的 DID 估计量回归结果依然显著，说明原来的估计结果很有可能出现偏误。

（2）利用不同的控制组进行回归，比较研究结论是否依然一致。

（3）选取一个完全不受事件干预影响的因素作为被解释变量进行回归，如果 DID 估计量的回归结果依然显著，说明原结果很有可能出现偏误。

双重差分法常常作为政策效应评估方法中的一大利器，其受到青睐的原因主要有以下几个方面。①可以在很大程度上避免内生性问题的困扰：政策相对于微观经济主体而言一般是外生的，因而不存在反向因果问题；此外，在 DID 中加入固定效应估计，可以一定程度上解决遗漏变量偏误问题。②传统评估政策效应主要通过设置政策发生与否的虚拟变量进行回归，相较而言，双重差分法的模型设置更科学，能更准确地估计出政策效应。③双重差分法的原理和模型设置很简单，容易理解和运用。④尽管双重差分法估计的本质就是面板数据固定效应估计，但是 DID 听上去更加“时尚高端”。可参考示例 3-12。

【示例 3-12】

Giorcelli 和 Michela（2019）在 AER①上发表的 The Long-Term Effects of

① *American Economic Review*，美国经济评论。

Management and Technology Transfers 一文，利用第二次世界大战后意大利企业的历史数据，以马歇尔计划（the Marshal plan）的子计划生产率计划（the productivity program）为契机，研究管理与技术转移对企业绩效的长期影响。第二次世界大战后，美国启动马歇尔计划，对被战争破坏的西欧与南欧十七国进行经济援助、协助重建。为帮助欧洲企业提高生产效率，美国于 1950 年推行生产率计划。该计划包括两大部分：第一，帮助欧洲企业培训管理人员；第二，向欧洲企业提供低息贷款用以购买先进的美国设备。符合申请标准的企业可以分别或者同时申请参与管理培训和技术转移计划。在该计划的初始试行阶段，美国选择了意大利五个大区的中小型企业参与计划。这些地区内符合申请标准的 6065 家企业中，3624 家企业申请参与生产率计划。在企业提交申请并经过审核后，美国却由于介入朝鲜战争并面临日益增长的军备开支，突然削减援助经费，大幅缩小了生产率计划的试行范围。原本被选择的五个大区中，仅各有一个具有代表性的省份被允许继续参与生产率计划，其余省份的企业则被剔除。这一突发政策变化为本文提供了有效的识别策略。本文利用双重差分法，通过比较实验组（treatment group：提出申请并最终获得批准参与生产率计划的企业）与对照组（comparison group：被剔除出生产率计划的省份中原本被批准参与计划的企业）企业在生产率计划实施前后长达 20 年的绩效变化，识别出管理水平与技术转移对企业绩效的长期影响。最终得出三个重要结论：①只参与管理培训计划的企业在之后长达至少 15 年的时间内更易在竞争中存活，和对照组企业相比拥有更高的营业额、雇员人数与生产率。②引入新技术亦能促进企业绩效的提高，但该影响并不具有持续性。③管理水平与新技术对企业的影响是互补的。

3.3.8 断点回归

断点回归（regression discontinuity，RD），是一种样本选择和数据生成的机制，其通过构造局部进行因果推断。断点回归的基本思想是存在一个连续变量 x，该变量能决定个体在某一临界点两侧接受政策干预的概率，由于 x 在该临界点两侧是连续的，因此个体对于 x 的取值落入临界点任意一侧是随机的，即不存在人为干预使得 x 取值落入某一侧的概率更大，因此在临界点附近则可以构成一个准自然实验。简单举个“是否上大学对于未来工资影响”的例子，假设是否上大学完全取决于高考成绩是否超过 500 分，以 500 分为临界点将人群区分为“大学生”和“非大学生”，而事实上高考成绩 499 分和 501 分在其他方面没有显著的差别，考生是否成为大学生在临界点附近可以视为随机事件，则可以克服内生性影响。假如通过研究可以发现 501～510 分的大学生工资显著高于 490～499 分的非大学生工资，则可以得出结论“是否上大学对于未来工资影响很大”。可以发现断点回归与双重差分法都是依托准自然实验进行，不同之处在于断点回归只考虑临界点两侧的局部样本，而双重差分法则是将全部样本依托是否受事件影响划分为两组。

断点回归的优点主要在于，当受制于成本预算、道德观念等因素不能开展时，断点回归因其与随机实验无所差别的设计，可以充分发挥作用。但是，在使用断点回归时，如果其他协变量也存在“中断”的情况时，则不清楚是其他变量导致的，还是我们所关心的变量导致的。此外，断点回归衡量的是在临界点附近的局部平均效应而非整体平均效应，因此较难推广到整体研究中。最后，断点回归假设研究对象是同质的或近似同质的，即控制组的个体如果最初被划分到处理组，其所产生的个体效应没有区别，但是在实际中很难保证不出现异质性。可参考示例 3-13。

【示例 3-13】

Sabrina T H（2017）在 AER[①]上发表的 Financing Innovation：Evidence from R&D Grants 一文，作者利用美国能源部设立的小企业研发创新补贴项目，采用断点回归方法研究了研发补贴对企业创新的影响。美国小企业研发创新补贴项目始于 1982 年，该项目旨在刺激美国小企业及高技术企业进行研发创新。项目的补贴分为两个阶段：第一阶段，为每个通过申请的企业提供 150 000 美元的研发补贴；第二阶段，提供 1 000 000 美元，供企业进行后续的研发工作。第二阶段补贴的申请需在获得第一阶段补贴的两年后提出。申请第二阶段补贴的条件有两个：一是申请者需要证明用于申请第一阶段补贴的项目取得了阶段性成果；二是企业外部私人集资的股权占比不得超过 50%。申请评审流程：每年美国能源部各部门发布该部门的补贴项目，并组织官员进行评审。评审分为两步：第一步，由项目官员审阅申请材料并进行排序，其中排序的依据有三个，一是所申请的技术的科学性和创新性，二是实现申请项目的成本，三是所申请技术的商业价值；第二步，项目官员将排序上交给能源部，由能源部官员决定各部门每场申请中获补贴企业的数量。负责对企业进行排序的官员事先并不知道能够获得补贴的企业数量，因此，排序外生于获补贴企业数量的临界值。作者将解释变量设置为每场申请中企业的排名，随后对该排名进行了中心化处理，每场子项目申请中获得补贴的最后一名，赋值为 1；没有获得补贴的排位最高的一名，赋值为−1。被解释变量为企业创新绩效。在进行回归之前，作者首先检验驱动变量在断点处是否有操纵，检验 Y 随其他控制变量的变化是否有跳跃，检验其他控制变量在断点处是否被操纵，检验结果表明可以适用断点回归进行分析。最终研究发现：①研发补贴提高了企业获得风险投资的概率，特别是中小企业和初创企业；②促进了企业创新产出（表现为高质量专利的增加）和创新成果转化（表现为企业营业收入的增加）；③研发补贴也有助于企业良好的运营和存续；④研发补贴对企业创新的影响是通过资助企业进行新技术可行性实验，为企业提供“试错”的机会，降低研发的不确定性实现的。

---

① *American Economic Review*，美国经济评论。

3.3.9 倾向得分匹配

倾向得分匹配（propensity score matching，PSM）是一种用于处理观察研究数据的统计学方法，其可以通过利用倾向评分值，为实验组的每个个体寻找一个或多个背景特征相同或相似的个体作为对照，减少数据偏差和混杂变量的影响，以便对实验组和对照组进行更合理的比较。以“研究生学历对于收入的影响”为例，一种简单的做法是直接对比“研究生”和“非研究生”这两类群体的收入差异，但这种做法并不科学，因为还可能存在诸如性别、年龄、父母学历等其他变量的影响。PSM 可找到区别只在于“是否有研究生学历”，而其他基本特征一致的两类人。此时，实验组和对照组才能够排除其他因素，单纯地探讨研究生学历对于收入的影响。PSM 匹配有两个基本假设：一是共同支撑假设（common support），对于可观测变量 x_i 的任何可能取值都包括零；二是平行假设（balancing assumption），对于个体 i 进入处理组的条件概率是随机的，即在接受处理之前，处理组和控制组之间没有差异，处理组产生的效应完全来自处理。在运用 PSM 时，一般用 treat 变量对控制变量进行 Logit 或 Probit 回归，得到倾向得分值。倾向得分值最接近的控制组个体即为实验组的配对样本，通过这种方法可以最大程度减少实验组与控制组个体存在的系统性差异，从而减少估计偏误。常见的匹配方法有最近邻匹配、半径匹配、核匹配等。在进行 PSM 后的其他估计前，还需进行协变量的平行假设检验，即匹配后实验组和控制组协变量的均值在匹配后是否具有显著差异。如果不存在显著差异，则支持进一步的模型估计。关于 PSM 方法存在三个误区：①PSM 方法并没有从根本上解决由选择偏差或遗漏变量导致的内生性问题，更不能代替 Heckman 两阶段模型和工具变量法等方法用于解决自选择、遗漏变量等问题；②PSM 不能被称为“准实验”，也无法模拟实验条件；③在“共同支撑假设”无法满足或很牵强的情况下，PSM 会系统排除缺乏对照组的样本，进而使得样本代表性变差，影响结果的外部有效性。可参考示例 3-14 的写法。

【示例 3-14】

Xu 等（2021）在 JFE[①] 上发表的 Internet searching and stock price crash risk: Evidence from a quasi-natural experiment 一文，采用 PSM-DID 方法，通过 2010 年谷歌搜索退出中国大陆市场这一冲击研究网络搜索对股票崩盘风险的影响。首先，作者查询 2009 年对各个 A 股上市公司股票代码的谷歌搜索量(search volume index，SVI)。其次，按照中位数进行划分，谷歌搜索量高于中位数的设为实验组，谷歌搜索量低于中位数的设为控制组。这背后的直觉是，如果投资者更依赖于谷歌来搜寻某些公司的信息，那么在谷歌退出后这些公司会受到更强的影

① *Journal of Financial Economics*，金融经济学杂志。

响。此外，考虑到对公司股票代码的检索本身与公司基本面有关，实际上实验组和控制组之间有本质区别，所以不能直接进行比较。因此，对于每个处理公司，作者在估计 Logit 模型后根据倾向得分匹配(propensity score matching，PSM)选控制公司。在 Logit 模型中，因变量是 TREAT 虚拟变量，如果 2009 年公司的 SVI 高于 2009 年的样本中位数，则该变量等于 1。具体用于 PSM 的变量包括以下可能影响股票崩盘风险的因素：市场价值与股权账面价值的比率、总资产的自然对数、所有权性质、跟踪一家公司的分析师数量、所有机构投资者持有的股票数量除以已发行股票总数，再乘以 100、股东人数的自然对数、当年平均月营业额与上一年的差额、过去三年可支配应计项目绝对值的总和、一年中公司特定周回报的标准差、东方财富股票论坛投资者评论数的自然对数，以及行业（中国证监会 2001 年行业分类）和位置（公司总部所在地）的固定效应。匹配后共有 283（285）家独特的处理（控制）公司，进行 DID 回归。研究结果发现：①盈余管理水平较高的公司在谷歌退出之后的股价崩盘风险更高。②对于媒体报道有限的公司，个人投资者会更加依赖于通过网络搜索获取信息，因此谷歌退出的影响会更大。③考略到散户投资者通常缺少信息来源，降低他们的信息获取成本可以提高市场效率，因此投资者使用互联网以及以此获得信息的能力在金融市场中至关重要。

3.4 专利分析方法

专利分析是基于专利文献信息而进行的技术挖掘，而技术挖掘是指利用各种技术信息、了解技术变化和发展模式、探索内在联系或者预见未来机遇的过程（Porter and Cunningham，2012）。专利分析是否属于一种研究知识产权问题的方法？我们常说的“研究方法”，通常是指揭示现象或者事物内在规律的工具和手段。如果从研究工具的角度来看，基于专利数据进行的技术挖掘和专利分析，正在成为探索新兴技术、研究技术创新以及分析专利管理问题的一种新方法。

3.4.1 适用范围

专利分析的研究对象为专利数据或专利文本，研究目的是探索技术变迁与演变，或者预测未来趋势和技术机会。在技术创新研究或者技术挖掘方面，专利数据具有明显的优势。①权威性。专利文件是专利申请人依据专利法提交的法律文件，专利行政管理部门在经过审查之后，对符合专利法要求的专利申请文件予以公开，由此形成标准化的专利文件或者数据。②及时性。在世界范围内，每年都有大量的专利申请被提交。对于发明专利申请而言，经初步审查符合专利法要求的，自申请日起满十八个月通常会被公开。③全面性。根据专利法的规定，专利文献应当包含一些必要信息，因此，结构化的专利数据包含了大量的有价值的技术、法律和商业信息。例如，专利权人、发明人、申请日、授权人、优先权日、技术领域和引证信息等。希望进一步了解专利知识的同学，可以阅读经济合作与发展组织编写的《专利统计手册》(经济合作与发展组织，2013)。因此，专利数据是进行技术挖掘和技术创新研究非常重要的数据来源。

美国学者波特认为专利分析可以运用到广泛的研究领域，如表 3-11 所示。作为一种研究方法或者工具，专利分析主要用于解决技术创新或者专利管理中的实际问题。研究者从不同维度选择或者设计拟解决的实际问题。例如，面对日趋激烈的技术创新，研究者希望分析并识别燃料电池领域的技术机会，那么，专利数据中的技术信息，可以被用于分析燃料电池产品或者技术的研究现状，识别可能存在的技术空白，从而发现技术机会。

表 3-11 专利分析可运用的研究领域

任务类型	技术	商业	法律
产品或工艺发展	空白区域识别	评估市场容量与定位	确定创新自由度
知识产权保护	预计潜在创新	确定竞争	判断保护范围
商业化机会	发现商业应用	探明潜在收益	评估专利状态
技术战略管理	评估技术环境	探索专利战略	评价专利与选择

专利分析通常可以回答 5 个方面的问题：Who，What，Where，When 和 Why，即 5W。Who 是指在特定技术领域谁拥有这些专利？谁是该技术领域的技术领先者？“专利权人”研究主要是用于识别创新主体的技术创新能力与比较技术优势。例如，有学者利用专利数据，识别世界范围内服务机器人的主要专利权人 (Goeldner et al.，2015)。What 涉及哪些技术领域属于研究热点，或者能够实现特定技术功能的专利有哪些？例如，利用专利技术-功效矩阵，分析高铁领域中减振控制技术领域的技术空白和技术机会。Where 是指在哪些国家或者地区申请或获得专利？例如，有学者运用专利数据，分析哪些国家或者地区在人工智能领域处于领先地位 (Tseng and Ting，2013)。When 主要涉及什么时候谁申请专利、获得专利，何时进行专利许可或者提起专利诉讼？例如，有学者研究美国大学从专利申请到专利许可之间的时间差 (Kim and Daim，2014)。Why 主要是试图探索呈现特定专利现象或者情境的原因，或者解释专利行为产生的原因。例如，运用专利数据，可以分析我国高铁技术演化并解释技术创新成功的原因 (Yuan and Li，2021)。

3.4.2 基本步骤

美国学者波特详细解释了技术挖掘应当遵循的基本步骤。我们参考和借鉴技术挖掘的步骤，用表 3-12 列出了专利分析应当遵循的基本步骤和流程。下面对确定问题、效度检验、结果呈现和讨论进行必要说明。

表 3-12　专利分析的基本步骤与流程

获取专利数据	1. 确定研究问题
	2. 选择专利数据库与检索策略
	3. 效度检验与获取专利数据
研究设计专利与分析	4. 数据清洗
	5. 基础分析
	6. 高级分析
分析结果选择与呈现	7. 呈现
	8. 解读
	9. 讨论

首先，需要特别强调的是专利分析必须以解决实际问题为目的。专利分析只是一种研究方法，不能为了“专利分析”而纯粹地进行“专利分析”。在撰写学位论文过程中，有些学生选择一个技术领域，利用常用的专利信息进行非常全面的专利分析。这种写作风格很容易落入“事无巨细”、“面面俱到”且“浅尝辄止”的不当选题策略中。因此，在进行专利分析时，首先需要明确选择一个适当的、值得研究的问题。

其次，专利检索数据也需要进行效度检验。有大量文献和专著介绍如何确定专利检索策略，在此就不再赘述。感兴趣的同学可以参考《专利检索：工具与技巧》一书（Hunt et al.，2013）。需要注意的是，在检索专利之后，需要对专利数据的效度进行检验，即有效性检验。研究者需要对专利检索结果与需要检索的专利的准确程度进行检验。但是，很多学生在撰写学位论文时忽视了这一重要步骤。特别是研究者自己确定专利检索式的时候，更应当进行专利数据的效度检验（Borgstedt et al.，2017）。常用的一种效度检验方法是对大量专利数据进行手工随机抽样检验。例如，在电动汽车专利检索时，博尔格斯特对 91 082 份专利数据选取了 5.36%的数据，即 4885 份专利数据，进行手工随机检验。检验结果显示：专利数据的有效性达到 89.66%，即检索到的 89.66%专利数据涉及电动汽车技术。这是一个比较好的检索结果。如果不提供专利检索数据效度检验，也就无法保证专利分析结果的科学性与合理性。

再次，有选择地呈现专利分析结果。专利分析是一个分析问题和解决问题的过程。在专利分析中，通常会出现大量的分析数据、图或者表。随着社会网络分析方法逐渐运用到专利分析领域，许多专利分析结果可以实现可视化或者图形化，由此产生大量的图形。面对大量的可视化图形，一些学生会感到困惑：是将图形全部呈现在学位论文中，还是有选择地呈现。运用一定的方法或者软件，对专利数据进行分析产生的初步结果，需要进行选择、比较和解释。表 3-12 说明在第 7～9 步中，需要对专利分析结果进行必要的理论解释，与现有文献进行比较，发现并呈现研究贡献。所以，第 7 步初步分析结果需要有选择地呈现，而非面面俱到。

最后，在与现有文献充分比较的基础上，讨论专利分析的创新性和主要贡献。由于学位论文需要具有一定的创新性或者若干个创新点，所以需要对专利分析结果进行必要的解释与讨论。呈现创新点最简单的方式，就是与现有文献进行充分比较，凸显与现有文献的不同之处。但是，很多学生在运用专利分析解决问题时，忽略“讨论”部分，直接给出了结论或者建议。如果欠缺讨论这部分的内容，那么读者或者审稿专家就难以判断学位论文的创新性，这将影响学位论文的评审结果。可参考示例 3-15。

【示例 3-15】

选取一篇博士研究生发表的学术论文（Yuan and Cai，2021），用于说明如何运用专利分析方法，解决技术创新中的实际问题。

在世界各国鼓励清洁能源汽车发展过程中，针对哪种新能源汽车传动技术更具市场前景的问题，一直以来存在着激烈的争论。技术轨道（technological trajectories）是指技术范式发生变化的路径。技术轨道的选择与演变将影响一个产业的未来发展趋势，而技术创新则驱动着不同技术轨道彼此竞争。在清洁能源汽车领域，存在着四条相互竞争的技术轨道：纯电动（blade elctric vehicles，BEV）、混合动力（hybrid electric vehicles，HEV）、燃料电池（fuel cell electric vehicle，FCEV）和内燃机（internal combustion engine vehicles，ICEV）。无论是汽车生产企业，还是清洁能源汽车领域新入者，都面临着如何选择适当的技术轨道的难题。哪种技术轨道将在激烈的市场竞争中获胜仍不清楚。为了弥补现有研究的不足，该博士研究生运用专利数据，对不同技术专利行为进行分析，预测哪种技术轨道在未来更具发展潜力。

论文参考现有文献，选择德温特专利数据库，采用了博尔格斯特确定的专利检索式，共检索到 1997—2016 年混合动力专利族 34 924 个、纯电动专利族 39 950 个、燃料电池专利族 20 312 个和内燃机专利族 43 137 个。由于博尔格斯特已经对该专利检索式进行了效度检验（达到 89.66%），所以专利检索数据是有效的。

在研究设计方面，论文对研究方法进行了精心的选择与设计。技术生命周期 *S* 曲线，是判断技术所处发展阶段和预测发展趋势的一种重要方法。论文借鉴了阿尔屯塔斯的预测方法，利用 Gompertz 曲线来拟合专利增长的 *S* 曲线。

专利分析结果表明：从世界范围来看，混合动力汽车可能是目前最有潜力的技术轨道，其次是纯电动汽车，随后是内燃机汽车，而燃料电池汽车却排在最后。表 3-13 呈现了不同技术轨道综合排序的结果。但是，这一专利分析结果有些令人吃惊。

表 3-13　不同技术轨道综合排序结果

技术轨道	技术成熟度	技术影响力	扩散潜力	专利强度	熵权值	排名
HEV	0.408	4.094	363	2.677	0.196	1
BEV	0.264	3.375	399	2.075	0.192	2
FCEV	0.866	3.304	386	2.030	0.089	4
ICEV	0.659	3.121	411	2.294	0.130	3

为了检验专利分析结果的稳定性，论文运用 Web of Science 数据库中学术论文数据进行验证。文献计量分析为混合动力汽车的兴起提供了强有力的证据，因为混合动力汽车可以集合多种技术路线的技术协同发展。这表明，专利分析结果是稳定的，是可信的。

最后，论文对专利分析结果进行了充分讨论。在与现有文献充分比较的基础上，论文讨论了促进混合动力汽车发展的主要原因，以及专利分析结论对政策制定者或者企业管理者的管理启示。当然，论文研究也具有局限性：专利分析是在政策激励和市场环境等约束条件不变的情况下得出的结论，如果激励清洁能源汽车政策发生变化，那么技术轨道发展趋势也可能随之变化。

3.5　常用的机理分析、计算与仿真研究方法

3.5.1　数理模型方法

数理模型方法是指，在掌握研究对象的组成要素、内外影响因素（约束）、目标以及其基本的运行规则后，对研究对象建立数学模型，通过数学模型的求解，得到研究对象的管理策略、管理方案。其中的求解方法，包括解析方法、计算方法、非数值优化算法等。

申报管理科学与工程专业学位的毕业论文，要求必须运用到数理模型方法。

从目前管理学院管理科学与工程专业的历年毕业论文来看，数理模型方法主要包含下面三类。

1）运筹学方法

运筹学是对研究问题求最优解的方法，包括规划论、存贮论、决策论、排队论、图论等。其中，建立规划模型，求最优解，是管理科学与工程专业毕业论文中常用的方法之一，可参考示例 3-16（胡斌等，2021）。

【示例 3-16】 规划模型方法

根据深圳市历年环卫黑点事件（暴露垃圾、道路保洁、堆放施工废弃料、乱堆物堆料）的数据，研究环卫巡视员的最佳巡视路线。具体介绍如下。

我们以桂园街道办为例，在巡视员人数有限的条件下，以巡视价值最大化（巡视了曾发生环卫黑点事件的地点，黑点事件越多的地点，权重越大）为目标，建立的规划模型为

$$\max \quad \sum_{k=1}^{k}\sum_{(i,j)\in \mathrm{A}_p} S_{i,j}\, y_{i,j}^{k}$$

s.t.

$$\sum_{(i,j)\in\delta^{+}(i)} x_{i,j}^{k}=\sum_{(i,j)\in\delta^{-}(i)} x_{j,i}^{k} \quad \forall i\in V, \forall i\in\{1,\cdots, K\}$$

$$\sum\nolimits_{(i,j)\in\delta^-(S)} x_{i,j}^k \geqslant y_\alpha^k \quad \forall S\in V\setminus\{1\},\forall\alpha\in \mathrm{A}_p(S)\cup \mathrm{A}_R(S),\forall k\in\{1,\cdots,\ K\}$$
$$x_{i,j}^k \geqslant y_{i,j}^k \quad \forall(i,j)\in \mathrm{A}_p\cup \mathrm{A}_R,\forall k\in\{1,\cdots,\ K\}$$
$$\sum\nolimits_{k=1}^{k} y_{i,j}^k = 1 \quad \forall(i,j)\in \mathrm{A}_R$$
$$\sum\nolimits_{k=1}^{k} y_{i,j}^k \leqslant 1 \quad \forall(i,j)\in \mathrm{A}_P$$
$$\sum\nolimits_{(i,j)\in \mathrm{A}} x_{i,j}^k \ \ t_{i,j} \leqslant \forall(i,j)\in \mathrm{A},\forall k\in\{1,\cdots,K\}$$
$$x_{i,j}^k \geqslant 0\text{且为整数} \quad \forall(i,j)\in \mathrm{A},\ \forall k\in\{1,\cdots,K\}$$
$$y_{i,j}^k = \{0,1\} \quad \forall(i,j)\in \mathrm{A}_P\cup \mathrm{A}_R,\forall k\in\{1,\cdots,K\}$$

求解得到桂园街道办辖区中四个工作网格巡视员的路线。

2）博弈论方法

博弈论是对研究问题求均衡解的方法，属于运筹学的一个分支，独立发展后，其理论与方法体系逐渐完善，主要包括传统博弈论方法、演化博弈论方法两大类，是管理科学与工程专业毕业论文中常用的方法之一，示例 3-17 介绍如下（胡森，2019）。

【示例 3-17】 员工合作与冲突行为的选择机制

此处展示心理学中的前景理论嵌入博弈模型的研究方法。

企业员工个体会依据其决策函数进行利益分析，选择合作与冲突行为。员工个体对工作任务持合作与冲突两种行为策略的场景，可以用对称博弈来描述，其博弈策略矩阵为一类静态收益策略，如表 3-14 所示。

表 3-14 合作与冲突行为博弈矩阵

项目		员工 2	
		合作	冲突
员工 1	合作	$b-c/2$，$b-c/2$	$b-c$，$b-\delta$
	冲突	$b-\delta$，$b-c$	0，0

其中 b 表示如果有一方合作，两方都能得到的利益。c 表示两人间合作行为的交互成本，如果两方都采取合作行为，那么交互成本平摊，即 $c/2$；如果仅有一方采取合作行为，那么合作的这一方付出全部的交互成本，即 c。δ 是引入的惩罚参数（也可以看作激励参数）。在此限定 $b-c>0$，即 $b>c$。

由于员工的认知水平是有限的，所以只能采用上期邻居员工的行为概率对下一期的行为进行预期。假设在时间 t 时刻，周围邻居员工中采取合作行为的比例为 $x(t)$，且 $x(t)\in[0, 1]$，则采取冲突行为的占 $1-x(t)$。那么在 $t+1$ 时刻，采取合作行为和冲突行为的员工的期望得益分别为

$$Ucp(t+1) = c/2\cdot x(t) + b - c$$

$$Ucf(t+1)=(b-\delta)\cdot x(t)$$

参考点效应是前景理论中重要的概念之一，其核心在于说明了经济活动中人不是凭某种行为得益的绝对值（state of wealth）来进行决策，而是会选取一个中立的参考点来进行比较，根据得益的变化值（changes of wealth）来进行决策。其中得益的变化值用某一行为的结果对中立的参考结果的正负离差（gain or lose）来表示。因此，在决策价值函数中参考点本身的价值可设为 0，用相应的离差代替收益的绝对值，作为价值函数的自变量，如图 3-3 所示。这是价值函数的第一个特点。

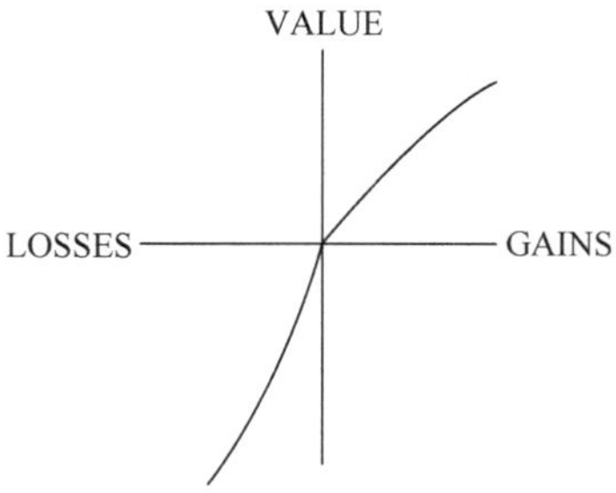

图 3-3　前景理论中的风险决策价值函数

价值函数的第二个特点是价值函数在第三象限中是凸函数，即决策者在价值为净损失（losses）时表现为风险追求。第三个特点也是最重要的特点是函数曲线在参考点是弯曲的，而且由于损失规避效应，第三象限曲线的斜率是第一象限曲线的 2.0～2.5 倍（Kahneman，2003）。

根据价值函数的特点，我们假定员工在理性决策阶段的价值函数表达式为

$$V=\begin{cases}\ln(\Delta U+1), & \Delta U \geqslant 0\\ -\ln 2(1-\Delta U), & \Delta U < 0\end{cases}$$

其中 ΔU 表示某一时刻行为的绝对收益相对于中立参考点的离差。

在本文的模型中，周围邻居员工的 t 时刻总体平均收益为

$$\overline{U}(t)=Ucp\cdot x(t)+Ucf\cdot[1-x(t)]$$

我们选择这一平均收益作为 $t+1$ 时刻员工行为决策的价值函数的中立参考点，于是有 $V(\overline{U})=0$。

因此，在 $t+1$ 时刻，对于合作行为，有 $\Delta Ucp(t+1)=Ucp(t+1)-\overline{U}(t)$.

对于冲突行为，有 $\Delta Ucf(t+1)=Ucf(t+1)-\overline{U}(t)$.

于是 $t+1$ 时刻合作和冲突行为的价值分别为 $Vcp(t+1)$ 和 $Vcf(t+1)$，之后将这两种行为的价值进行比较，其中价值更高的一种行为将会被选为 $t+1$ 时刻该员工的行为。

经历这两个阶段后，员工当前时刻的行为状态就可以被基本决定。在元胞自动机中，不同类型的 KIBS（knowledge intensive business service，知识密集型

服务业）员工 Agent（代理人）会因为不同的行为策略产生互动。

根据上述员工决策过程，当上期周围邻居员工中合作行为人数比率 x 小于 75%，或在非理性决策中未选择合作行为的时候，员工会进入理性决策，并以表 3-14 的博弈矩阵为依据，对本期收益进行预期和价值判断。

命题：当 $\delta > c/2$ 时，合作行为的期望收益大于冲突行为的期望收益，理性决策的结果恒为合作行为。

证明：$Ucp > Ucf \Leftrightarrow c/2 \cdot x + b - c > (b-\delta)\cdot x \Leftrightarrow (b - c/2 - \delta)\cdot x < b - c$

1）当 $b - c/2 - \delta \leqslant 0$，即 $\delta \geqslant b - c/2$ 时，有 $(b - c/2 - \delta)\cdot x \leqslant 0 < b - c$，因此 $\forall x \in [0,1]$，都有 $Ucp > Ucf$。

2）当 $b - c/2 - \delta > 0$，即 $\delta < b - c/2$ 时由 $(b - c/2 - \delta)\cdot x < b - c$ 可得 $x \leqslant \dfrac{b-c}{b-c/2-\delta}$，因此，当 $\dfrac{b-c}{b-c/2-\delta} \geqslant 1$，即 $c/2 < \delta < b - c/2$ 时，有 $\forall x \in [0,1]$，$Ucp > Ucf$。

综合 1）和 2）可得，当 $\delta > c/2$ 时，$\forall x \in [0,1]$，$Ucp > Ucf$ 成立，即合作行为的期望收益大于冲突行为的期望收益。

由 $Ucp > Ucf$，可得 $Ucp - \overline{U} > Ucf - \overline{U}$，即 $\Delta Ucp > \Delta Ucf$。

由函数图像可以看出，价值函数是一个单调增函数，因此当 $\Delta Ucp > \Delta Ucf$ 时，也有 $Vcp > Vcf$，即理性决策的结果恒为合作行为。至此，命题得证。

利用上述结论可以得出推论。

推论：当 $\delta \leqslant c/2$ 时，若 $x \leqslant \dfrac{b-c}{b-c/2-\delta}$，理性决策的结果为合作行为；

若 $x > \dfrac{b-c}{b-c/2-\delta}$，理性决策的结果为冲突行为。

推论表明，当邻居员工中合作行为比率较低时，员工在理性决策阶段倾向于选择合作行为，否则，冲突行为的期望收益和价值更高，对员工诱惑更大。为了控制员工的合作与冲突行为，不应仅仅考虑对冲突行为的惩罚系数 δ，还应该考虑 $\dfrac{b-c}{b-c/2-\delta}$，将 $\dfrac{b-c}{b-c/2-\delta}$ 定在一个较高的水平，可以有效减少员工的冲突行为。由于 $\dfrac{b-c}{b-c/2-\delta}$ 的重要性，我们在此将其定义为控制因子 ζ。然而，上述命题和推论都是在理性决策阶段的选择状态，实际模拟中可能有许多员工采取非理性决策方式来选择行为。

3）经济数学方法

经济数学方法用数学模型来表达市场中、供应链中人们的需求、效用、收益等，通过解析解和数字计算等方法，来得到最佳的决策方案。这也是管理科学与工程专业毕业论文中常用的方法之一，示例 3-18（胡森，2019）介绍如下。

【示例 3-18】 电商销售渠道的决策问题

1）渠道结构、渠道成员及决策设置

图 3-4 中，虚线两端的渠道成员独立决策，实线两端的渠道成员协同决策。

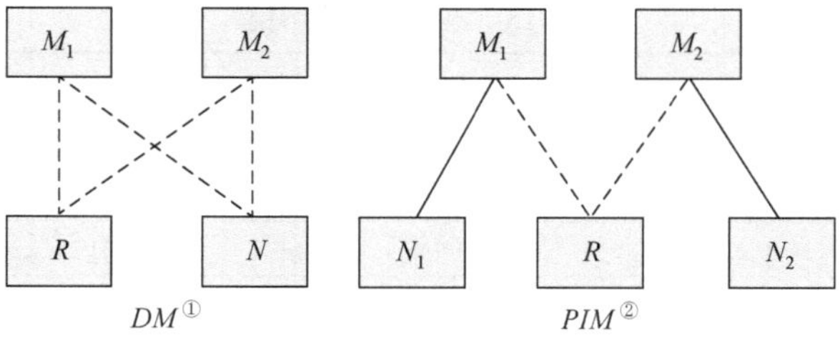

图 3-4　渠道结构示意图

2）消费者效用及其决策过程

消费者 i 在实体店铺购买产品 $j\ (j=1,2)$ 所产生的效用 $u_{i,j}^{R}$ 和消费者 i 在线上店铺购买产品 $j\ (j=1,2)$ 所产生的效用 $u_{i,j}^{N}$ 可由下式计算得出

$$u_{i,1}^{R}=V-p_{R,1}-x_i-z_i,\ u_{i,2}^{R}=V-p_{R,2}-x_i-(1-z_i)$$

$$u_{i,1}^{N}=V-p_{N,j}-y_i-z_i,\ u_{i,2}^{N}=V-p_{N,j}-y_i-(1-z_i)$$

这里 V 表示产品价值，为了体现制造商之间、零售商之间的充分竞争，这里采取 Tirole（1988）中的设置，令 V 足够大，并且令产品 1 和产品 2 的产品价值相等均为 V，以体现产品之间只存在横向差异；$x_i \sim U(0,0.5)$、$y_i \sim U(0,h)$ 和 $z_i \sim U(0,1)$ 分别表示消费者 i 的搜索成本、线上购物负效用和产品偏好，并且均服从均匀分布（Yoo and Lee，2011；Lee et al.，2013；Ofek et al.，2011）。这里用产品偏好来表示制造商 1 和制造商 2 之间的异质性，不失一般性，令产品 1 的风格属性为 0，产品 2 的风格属性为 1，消费者的产品偏好与产品风格属性越接近，则越倾向于购买该产品。另外，h 表示消费者的线上购物负效用的上限值，h 越大则代表消费者对线上渠道偏好越小。具体而言，当 $h>0.5$，时则表示消费者在同等情况下更偏好线下渠道，当 $h<0.5$ 时，则表示消费者在同等情况下更偏好线上渠道。

3）制造商和零售商的收益函数设置

在 DM 结构中，制造商 Mj 的决策问题为 $\max\limits_{w_j} w_j(D_{Rj}+D_{Nj})$，实体零售商 R 的决策问题为 $\max\limits_{m_R} m_R(D_{R1}+D_{R2})$，线上零售商 N 的决策问题为 $\max\limits_{m_N} m_N(D_{N1}+D_{N2})$。

在 PIM 结构中，制造商 Mj 的决策问题为 $\max\limits_{w_j,m_{Nj}} w_j(D_{Rj}+D_{Nj})+m_{Nj}D_{Nj}$，这里

---

① 倒卖模式和代理模式类型的在线零售商在本部分称为 T 型在线零售商，对应图 3-4 中的 DM 结构。

② 线上零售商本质上属于制造商开设的直销渠道，直销型在线零售商在本部分称为 M 型在零售商，对应于图 3-4 中的 PIM 结构。

$w_j(D_{Rj}+D_{Nj})$ 可视为批发收益，$m_{Nj}D_{Nj}$ 可解读为制造商的直销零售收益。实体零售商 R 的决策问题为 $\max_{m_R} m_R(D_{R1}+D_{R2})$。

4）模型结果与分析

采用逆向归纳法，基本模型的均衡解如表 3-15 所示。

表 3-15　基本模型均衡解

结构	DM		PIM	
项目	$h\geqslant 0.5$	$h<0.5$	$h\geqslant 0.75$	$h<0.75$
w_1，w_2	1	1	1	1
m_R	$(2h-0.25)/3$	$(h+1)/6$	$(h-0.25)/2$	$h/3$
m_N	$(h+0.25)/3$	$(2-h)/6$	0	0
D_R	$(2h-0.25)/(3h)$	$(h+1)/3$	$(h-0.25)/(2h)$	$4h/9$
D_N	$(h+0.25)/(3h)$	$(2-h)/3$	$(h+0.25)/(2h)$	$1-4h/9$
π_{M1}，π_{M2}	0.5	0.5	0.5	0.5
π_R	$(2h-0.25)^2/(9h)$	$(h+1)^2/18$	$(h-0.25)^2/(4h)$	$4h^2/27$
π_N	$(h+0.25)^2/(9h)$	$(2-h)^2/18$	—	—
π_C	$\frac{5h^2+0.125+8.5h}{9h}$	$\frac{2h^2-2h+23}{18}$	$\frac{h^2+3.5h+0.0625}{4h}$	$\frac{4h^2}{27}$
CS①	$V-\frac{25}{18}-\frac{11h}{18}+\frac{1}{72h}$	$V-\frac{28}{18}-\frac{5h}{18}+\frac{h^2}{9}$	$V-\frac{21}{16}-\frac{3h}{8}+\frac{7}{384h}$	$V-\frac{5}{4}-\frac{h}{2}+\frac{8h^2}{81}$
SW②	$V-\frac{4}{9}-\frac{h}{18}+\frac{1}{36h}$	$V-\frac{5}{18}-\frac{7h}{18}+\frac{2h^2}{9}$		

注：w_1，w_2 分别为制造商 1 和 2 的批发价格；m_R 为传统零售毛利；m_N 为线上零售毛利；D_R 为传统零售需求；D_N 为线上零售需求；π_{M1}、π_{M2} 分别为制造商 1 和 2 的收益；π_R 为传统零售商收益；π_N 为线上零售商收益；π_C 为渠道利益；CS 为消费者剩余；SW 为社会福利。

根据表 3-15，本部分基本模型的结果与 Yoo 和 Lee（2011）有着显著的差异。第一个和第二个差异是由于本文考虑了存在两个竞争性制造商的场景，而 Yoo 和 Lee（2011）中只有一个垄断型制造商。这就导致在本文基本模型中，PIM 结构下的制造商由于竞争关系只确保批发收益，而忽视了零售收益；而在 DM 结构中，线上零售商主要追求的就是线上零售收益，而且并没有影响制造商收益。因此本文基本模型中，PIM 结构下的渠道收益小于 DM 结构下的渠道收益。

3.5.2　计算与仿真方法

1）文本数据处理与分析

文本数据处理与分析方法属于统计学和机器学习交叉的方法，以网民观点或评价为例，介绍文本数据处理与分析方法的基本步骤。

（1）情感计算。运用情感计算模型，求得文本和词汇的情感值。情感值反映人的情绪态度，情感值范围在 0 到 1，接近 0 表示消极情绪，接近 1 表示积极情绪。

（2）主题词的提取。求得所有文本的关键词、词频、关键词的词云图、语义网络图。统计文本的关键词和词频，可以绘制关键词构成的词云图，从而获得文本的主题和类别。由关键词之间的共现关系，可以绘制语义网络图。

（3）突变模型分析。针对所要研究的问题与上述各要素，以及其他环境因素等之间的关系，做模型模拟分析，寻找最适合系统的模型，揭示影响机制。可参考示例 3-19（宋奕，2018）。

【示例 3-19】 众包物流员工观点突变机制研究

达达配送吧是达达众包物流员工交流的平台，在达达论坛上收集到 21 494 条帖子文本数据。一个帖子文本包含的基本内容包括话题、发贴时间、楼主发言与楼主信息、各楼层发言与楼层信息。研究方法是将文本分析与建模分析结合起来，先将文本量化处理为数据，再将数据输入到 R 的 cusp 拟合工具中计算，最后再分析拟合结果总结系统中群体观点演化过程。

首先的文本分析过程是借助 Python 语言进行自然语言处理和文本挖掘过程，处理结果得到的数据可以分为系统的自变量和因变量。研究对象是论坛发言者的观点演化过程，系统的观测值是楼层发言者的态度，因此把楼层发言的情感值均值作为因变量。自变量就是影响系统发生变化的变量，数量较多，我们使用了情感值分析、关键词分析、文本语义网络分析等方法来计算获得众多自变量。对帖子文本数据进行文本分析之后，输出得到了 18 136 组有效数据，如图 3-5 所示。每一组数据中包含发言情感值和关键词词频等指标，同时还有对楼层发言进行语言网络分析得到的众多复杂网络指标，如图节点数、图密度、图连通性等。

1	state_senti	comment_	comment_	minus_sent	weighted_:	weighted_\	agreement	frequency	topword_s	num_node	num_edge	density	global_effi	average_cl	transitivity	betweenne
2	2.55859	0.524415	0.329988	1.007299	0.581467	0.401099	0.333333	0.135915	2.326943	-0.58693	-0.07494	-0.80737	0	0	0	0
3	1.656709	0.719882	0.155859	-1.62122	0.76918	0.134984	0.666667	2.338509	1.261272	-0.58693	-0.06567	0.923161	0.333333	0	0	0
4	0.172662	0.729589	0.421053	1.114163	0.507782	0.485575	0.25	-0.53154	1.235664	-0.58693	-0.06567	0.923161	0	0	0	0
5	-0.70939	0.149453	0.175153	-0.82566	0.040788	0.090835	0.571429	-0.24915	-0.5961	-0.06898	-0.06567	-0.56015	0.047619	0	0	0
6	-0.68393	0.409593	0.157377	0.711546	0.399638	0.169261	0	0.936858	-0.06121	-0.45745	-0.07494	-0.80737	0	0	0	0
7	-0.72061	0.308763	0.270003	0.164071	0.179691	0.270279	0.333333	0.066868	-0.39233	0.966931	0.175503	0.527611	0.492063	0.591534	0.45	0.32186
8	-0.72061	0.128461	0.16062	-0.93318	0.118923	0.172325	0.666667	-0.02217	0.212963	-0.19847	-0.04712	0.230948	0.2	0.5	1	0
9	1.033522	0.606753	0.23955	-1.18584	0.675142	0.283636	0.545455	0.044898	1.396914	0.319487	-0.06567	-0.692	0	0	0	0
10	2.124184	0.571737	0.220861	-0.06409	0.971394	0.108145	0.2	-0.36467	1.569508	-0.32796	-0.07494	-0.80737	0	0	0	0
11	-0.72048	0.26171	0.342165	-0.12251	0.753774	0.414492	0.571429	-0.40639	0.290651	-0.06898	-0.03784	0.181504	0.190476	0.428571	1	0
12	-0.46226	0.369507	0.251408	0.067832	0.294259	0.235839	0.25	-0.40639	1.228889	0.060509	-0.02856	0.1197	0.321429	0	0	0.333333
13	1.954987	0.164393	0.244909	2.109741	0.066432	0.157145	0.0625	-0.42357	-0.88277	1.09642	0.101297	0.014632	0.375556	0.420833	0.382979	0.425397
14	-0.34646	0.505099	0.137131	0.684168	0.39572	0.12514	0	2.805726	-0.34837	-0.58693	-0.07494	-0.80737	0	0	0	0
15	-0.72044	0.216322	0.317455	-0.3988	0.111101	0.251735	0.578947	-0.30905	-2.6773	1.355397	0.407396	0.957093	0.503268	0.586203	0.670487	0.112647
16	0.167809	0.525128	0.309532	-0.12136	0.623745	0.338436	0.666667	-0.11438	0.290651	-0.58693	-0.07494	-0.80737	0	0	0	0
17	-0.72	0.03207	0.028468	-1.52087	0.02827	0.031395	1	0.323636	-2.69456	-0.58693	-0.05639	2.653692	0.833333	0	0	1
18	-0.60494	0.441949	0.191532	0.765995	0.466445	0.185333	0.2	2.805726	-0.60698	-0.32796	-0.07494	-0.80737	0	0	0	0
19	1.299688	0.503925	0.164542	-1.13829	0.505552	0.276778	0.555556	0.469641	1.016102	-0.19847	-0.05639	-0.11516	0.166667	0	0	0.1
20	-0.67222	0.547851	0.346063	1.531819	0.478496	0.425745	0.25	0.469641	-0.69655	-0.45745	-0.07494	-0.80737	0	0	0	0
21	-0.60913	0.134566	0.098066	-1.09708	0.111876	0.048388	0.75	-0.30905	0.509076	-0.45745	-0.07494	-0.80737	0	0	0	0

图 3-5　文本分析输出数据

将计算出来的情感值（设为 f），按如下规则进行区间化处理。如果情感值落在[−1，−0.75]，则 $f=-0.75$；若落在[−0.75, −0.25]，则 $f=-0.25$；若落在[−0.25, 0.25]，则 $f=0$；若落在[0.25, 0.75]，则 $f=0.25$；若落在[0.75, 1]，则 $f=1$。绘制出如图 3-6 所示的员工群体观点的实际演化过程。

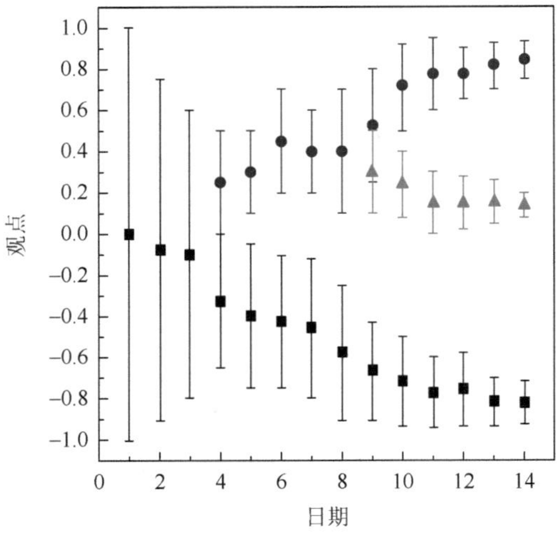

(a) 群体观点演化

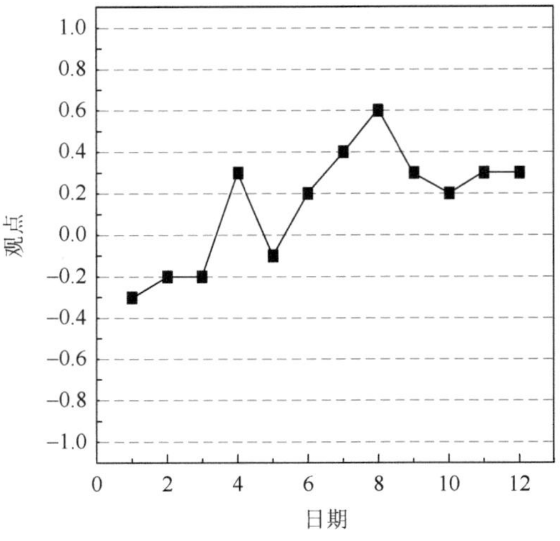

(b) 某个体观点演化

图 3-6　观点演化过程

从图 3-6 可知，群体演化过程中存在多次分叉现象，根据图 3-6 的数据，希望建立这些分叉现象背后的突变机制的模型，找到控制变量与系统变量的关系，也就是运用上述方法处理文本数据后，拟合出尖点突变模型

$$f^3+\alpha\cdot u\cdot f+\beta\cdot v=0$$

其中 f 表示情感值；u 和 v 表示控制变量；u 和 v 的组成包括：$X_1,\cdots,X_q$，一般性的表达式为

$$v=a_0+a_1X_1+a_2X_2+\cdots+a_pX_q$$

$$u=b_0+b_1X_1+b_2X_2+\cdots+b_pX_q$$

利用 Cuspfit 包中的 fit 方法来拟合突变模型，根据赤池信息量准则（akaike information criterion，AIC）和贝叶斯信息准则（bayesian information criterion，BIC），对于拟合后的模型，两个判定标准取值最小的模型拟合效果最好。

然而，在描述连续的突然性变化上，Logistic 模型是非线性模型中最接近突变模型的。Logistic 模型为

$$y=\frac{1}{1+e^{-v/u^2}}$$

拟合结果显示，Logistic 模型的拟合效果最好，相比于线性模型和 Cusp 模型，其拟合优度 R^2 最大，AIC 和 BIC 值最小。这说明系统中的发言者态度的变

化过程最适合用 Logistic 模型来描述。

为了得到 Logistic 模型方程，我们继续使用 Cusp 包的 cusp.logsit 模块对 18 136 条数据进行拟合计算，拟合结果如下面公式所示。

$$v=-11.7599+19.4463X_1+26.7116X_2+8.5966X_3+1.8592X_4+3.7157X_5\\-12.2277X_6-86.4191X_7-3.0840X_8+2.8135X_9-1.4704X_{10}$$

$$u=1.00000+7.5917X_1+4.3444X_2-9.5171X_3-0.7515X_4-5.6373X_5\\-24.0841X_6+19.9997X_7-2.3892X_8+3.1817X_9-0.3613X_{10}$$

其中 $X_1,\cdots,X_{10}$ 分别表示楼主发言情感值、楼主与楼层发言情感值差的绝对值、楼层发言情感值标准差、楼层发言前三高频词频率、楼层发言前三高频词情感值均值、图节点数、图连接数、图密度、图直径、图传递性。

最后根据全部数据绘制出了系统因变量发言情感值受控制变量 u 和 v 影响的变化曲面，如图 3-7 所示。可以观察到情感值有上下两个稳定面，对应积极和消极这两种稳定状态。情感值的中间值附近是系统的突变域，观点的起伏波动很大。

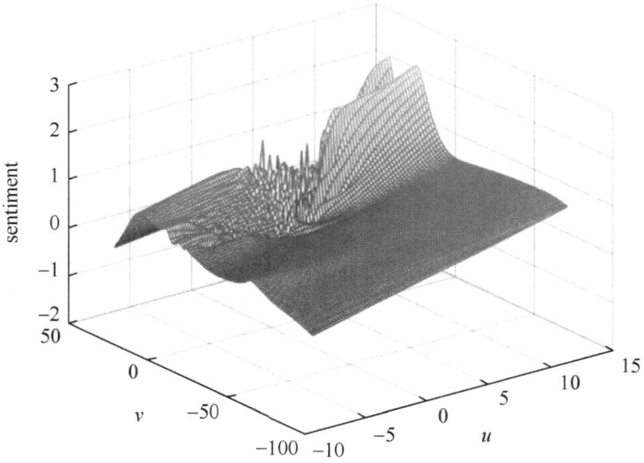

图 3-7　因变量受控制变量 u、v 影响的变化曲面

2）管理系统模拟

管理系统模拟是一种以先期事件序列和时间推移为依据的计算机模拟方法，它在建立模拟模型的基础上，通过计算机实验，对系统按照一定的决策原则或作业规则，随着时间的推移，由一个状态变换为另一个状态的动态行为进行描述和分析，通过对反复实验收集的数据进行统计分析，评估管理系统的表现行为，揭示管理系统的运行规律。

管理系统模拟方法分为离散模拟、连续模拟、多 Agent 模拟三类。

离散模拟中的离散事件模拟，是针对排队现象的，如管理系统执行层的车间布局、生产调度、物流等管理问题，又如管理层和决策层的业务流程过程。

连续模拟在管理学领域主要是指系统动力学方法，用于分析有反馈回路的管理现象。反馈回路是造成系统复杂性的根源，而管理系统中的反馈回路，主要是人的行为引起的。

系统的底层要素之间关系简单，但造成的系统宏观行为复杂的“涌现”现象，在管理系统中也普遍存在，因此，多 Agent 模拟是专门分析“涌现”现象的。以示例 3-20（宋奕，2018）为例，供同学们参考。

【示例 3-20】 物流资金流稳定性仿真研究

1）物流企业仿真模型设计

本文的仿真模型主要由两部分组成，分别为多智能体仿真和系统动力学模型，如图 3-8 所示。

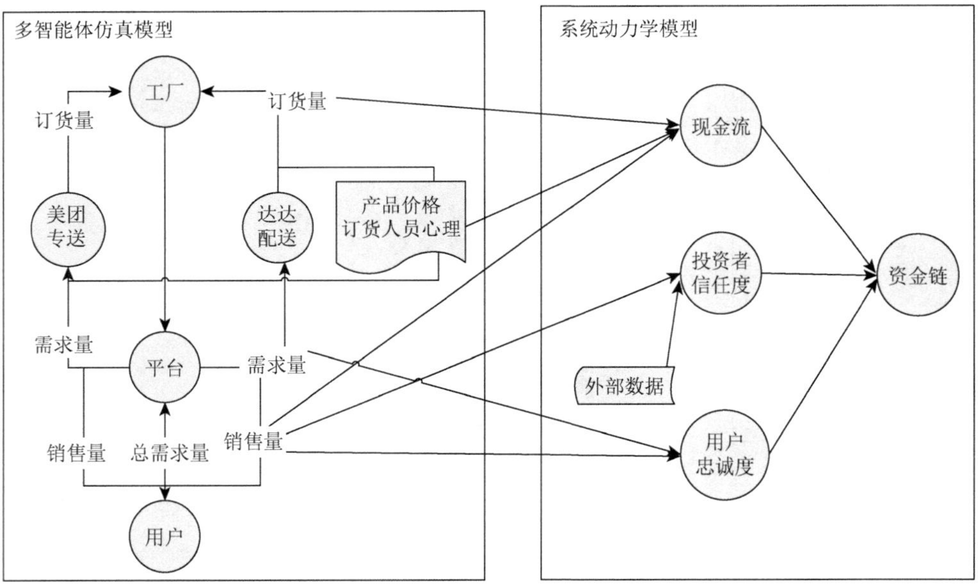

图 3-8 多智能体仿真与系统动力学模型交互

对模型中的参与者进行多智能体仿真，主要对众包物流企业的日常业务进行仿真，仿真企业流程；对企业资金链建立系统动力学模型，该模型中所用变量由多智能体仿真产生。

2）资金链断裂模型设计

考虑到影响资金链的三个指标（现金流、用户忠诚度和投资者信任度），以及企业的两个决策变量（产品价格和订货人员心理）运用系统动力学模型建立了针对企业的资金链断裂的基模图（图 3-9）。

3）价格和订货人员心理变化对现金流的影响

图 3-10 展示了当产品价格和订货人员心理组合变化时对现金流的影响。

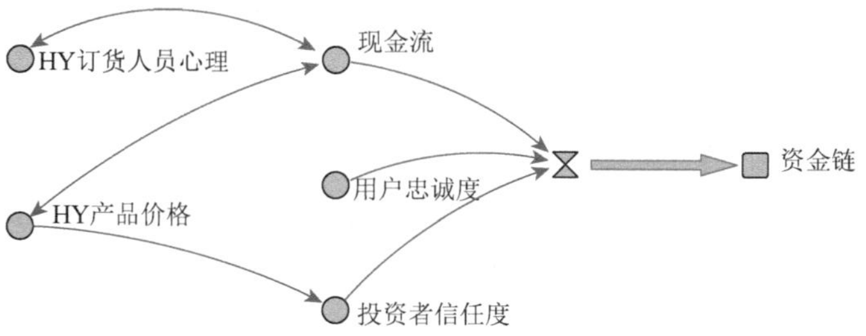

图 3-9 资金链断裂系统动力学图

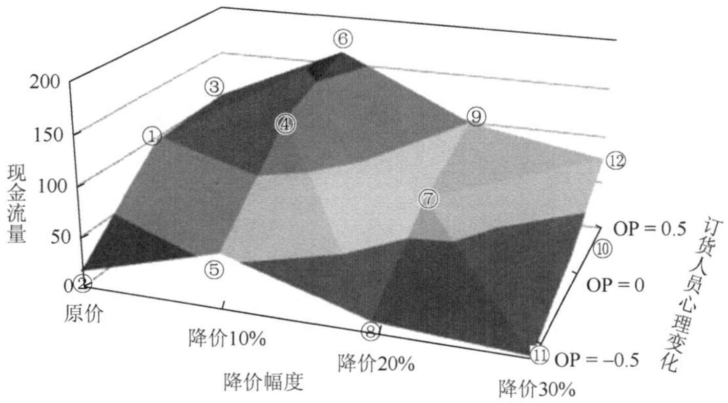

图 3-10 价格和订货人员心理变化对现金流的影响

3.6 管理学研究方法论的创新

对于研究生的毕业论文，我们追求研究方法论的创新。常见的方法论创新体现为不同研究方法之间的集成，即对于两种方法而言，发挥各自的优势，弥补各自的不足，实现两种方法之间的取长补短。当然集成是为了应用，而应用对象的特征，决定了集成的模式。管理学常用方法之间的集成，有如下三种模式。

1）串行模式

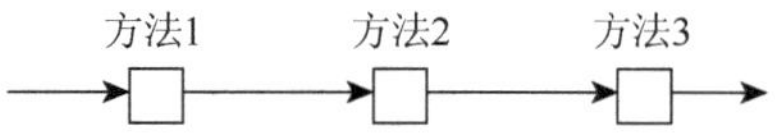

图 3-11 串行模式

该模式的特点是，不同方法之间按照一定的次序各自独立地运用，即各方法之间是同步关系，因而各方法之间形成了一条方法链，链上的节点就是各个方法，上个节点的输出，就是下个节点的输入。如图 3-11 所示，其中，箭线表示顺序或者表示输入/输出关系。

串行模式多出现在工业工程领域的优化研究与应用中，例如，先用优化算法（包括数学规划方法、启发式方法等）得到优化方案，再用模拟方法对该方案进行评价、检验，根据评价或检验的结果，又回到优化算法，调整参数，重新进行优化-模拟，直到用户对优化方案满意为止，如图 3-12 所示。

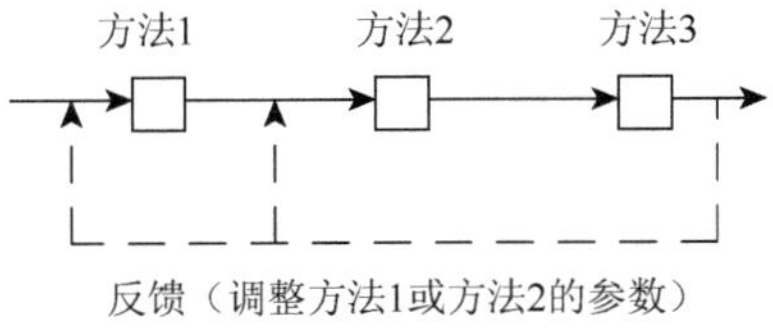

图 3-12 循环串行模式

2）并行模式

该模式的特点是，不同方法之间同时各自独立地运用，但各方法之间不是毫无关联地各自运行，而是在规定的时间点上或满足一定条件时相互发送信号（此为发送信号，不是发送消息，发送消息意味着不同方法之间是互操作关系），因此各方法之间是异步关系。

可以通过设置公共变量的办法，来实现两个方法之间相互发送信号，一个方法更新该变量的值，另一个方法获取该变量的值，如图 3-13（a）所示。在实际应用中，公共变量多以某个方法中的参数或变量出现，而不是图 3-13（a）所示的独立于两个方法之外，如图 3-13（b）所示。

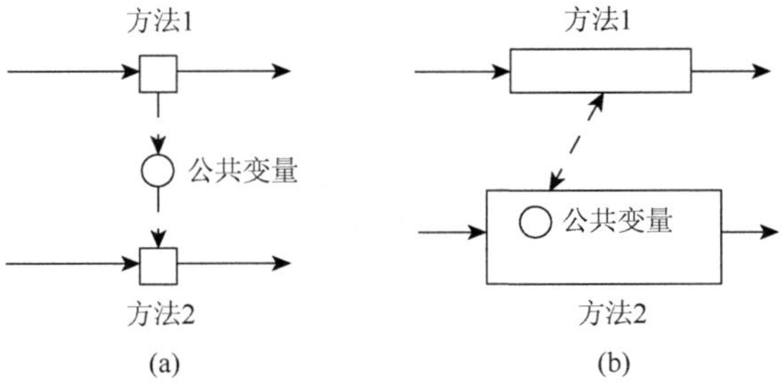

图 3-13 并行模式

通过公共变量来传递信号的两个方法，因为是异步关系，因此，在开发和实现它们的运行时，就要解决模拟时钟同步的问题。用 UML（vnified modeling language，统一建模语言）来描述并行模式的实现原理，如图 3-14 所示。

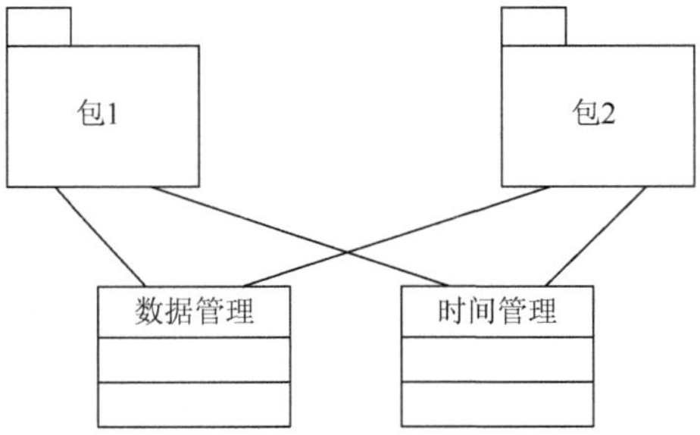

图 3-14 并行模式的 UML 表达

以计算机模拟方法为例，将两个方法各自开发的模拟模型或系统（即 UML 所表达的包）之间所要共有的变量及其管理，用一个“数据管理”类来建模，该类的属性，即所有公共变量；该类的方法，即对这些公共变量的值的更新、获取等操作。

为解决两个模拟模型或系统的模拟时钟同步问题，则建立一个“时间管理”类，该类的属性即为当前模拟时钟，该类的方法则根据当前模拟时钟的值来控制两个模拟模型或系统推移模拟时钟的步长。

并行模式的应用，可以体现在两个层面上。

首先是模型层面，例如 AnyLogic 8.0 自带的系统动力学模型与多智能体模型集成的例子，在某个区域市场，对某种产品的潜在需求顾客人数、生产厂家的产量、运往零售商的供应量等之间的供应链，形成一个系统动力学模型；而区域市场的所有居民，受到生产厂家的广告以及居民之间口碑传播等的影响，变为该产品的潜在需求顾客，则形成一个多 Agent 模拟模型。两个模型之间通过公共变量“潜在需求顾客人数”实现集成。

其次是系统层面，典型的应用就是多领域协同模拟方法，如美国于 1995 年设计的 HLA（high level architecture，高级体系结构）技术框架、欧盟于 1996 年开发的 Modelica 语言。

3）嵌入式模式

该模式的特点是，不同方法之间不是相互独立地存在，而是融合为一体，有两种模式，一是某个方法成为另一个方法的一部分，如图 3-15（a）所示；二是某个方法的某个部分成为另一个方法的一部分，如图 3-15（b）所示。

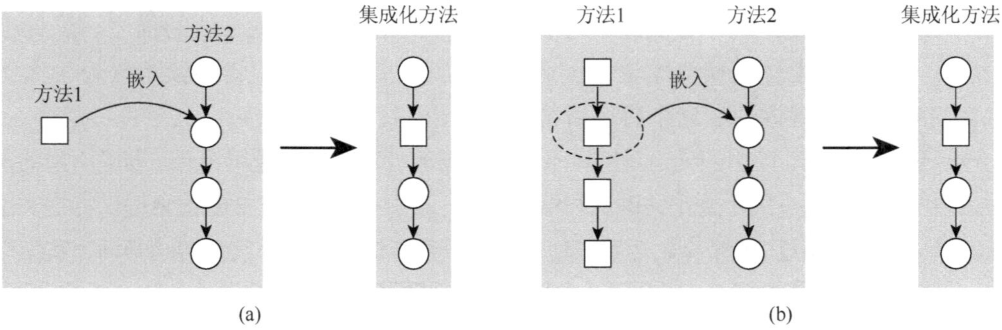

图 3-15　嵌入式模式

仍以计算机模拟方法为例，图 3-15 模式（a）的应用，已在嵌入式系统动力学模拟上有所体现。例如，一个城市的人水混合系统的系统动力学模拟，是要研究社会与自然的和谐演化规律，人的用水行为、习惯，与水厂的产量、城市的储水量等之间的整体演化关系，可用系统动力学方法建模，但是其中有一些细节，原本就有自己独立的专业领域模型，如河流水量的模型，无须重新对河流水量的变化进行建模，可以在系统动力学模型中直接引用该专业领域模型，即将专业领域模型嵌入系统动力学的微分方程组中，只要它们的输入/输出能够对接上就行。

图 3-15 模式（b）的应用，则是在各种方法之间的集成中较为普遍。例如，将定性模拟方法中的过滤方法，用于确定元胞自动机中元胞状态的转移方向；又如将管理学领域中的组织行为理论，用于设计定性模拟方法中的过滤方法；等等。

第 4 章　论文框架与写作

4.1　前 置 部 分

4.1.1　题目

论文题目即文章的题名，题目犹如“文眼”，至关重要。论文题目不仅能准确反映论文特定的核心内容，也是读者最先关注到的部分，可以帮助读者了解文章的研究主题。论文的题目就像吸引人的眼睛一样，往往作为第一印象以供读者判断和决定是否阅读全文；另外，题目也作为二次文献机构、数据库系统检索和收录之用。因此，一个好的题目，往往可以激发读者的阅读兴趣，进而体现论文本身应有的价值。论文题目的拟定需要从题目的来源、属性、内容、质量等方面加以考虑。

论文题目包含的关键词是检索论文的重要信息，因此题目首先应简明扼要地反映论文的主要内容，切忌笼统。论文题目应该是对研究对象进行准确具体的描述，这种描述一般要在一定程度上体现研究结论，因此，好的论文题目不仅应告诉读者这篇论文研究了什么问题，更要告诉读者这个研究所得出的结论。

题目必须以恰当、简明的词语反映文章中最重要的特定内容的逻辑组合。题目所用的每一词语必须考虑到需要有助于选定关键词和编制题录、索引等，为二次文献检索提供特定实用的信息。题目一般不超过 25 个字，尽量不使用标点符号，避免使用不常见的缩略词、首字母缩写字、字符、代号和公式等。若题名语意未尽，可用副题名补充说明文章中的特定内容，如《大数据分析对供应链绩效的影响——考虑供应链战略的中介作用和信息系统战略的调节作用》。

需要注意的是，当题名在整篇文章中不同地方出现时，应完全相同。

1. 制定题目的基本规则

选题应遵守如下规则：在清楚表达所研究问题的基础上，尽量减少用词，尤以名词短语最常见。论文题目要求醒目、简要、概念明确、层次分明、抓住四大要素（研究对象、研究目的、研究范围、研究方法）。在用词上必须能确切地概括论文的论点或中心内容，能够准确反映研究的范围和达到的深度等，使读者可以从中获取有效信息。所谓文题相符，就是要含义明确和言简意赅，这样不仅能够起到画龙点睛的效果，而且能够立刻引起读者阅读或摘录、参考的兴趣。

下面介绍学位论文题目的设计要点。

1）题目难度要适中

题目的面不宜过大过宽，要量力而行。问题有大有小，有难有易，要选择力所能及的题目。研究的关键是能够深入问题本质，抓住其中要害，着力突破一点，有独特的见解，找到问题的难点和症结所在。如果能在某一学科领域内的某个分支中的某个问题中解决了一个或两个小问题，或者有了新的发现、发明，那么论文就很有分量。相反，如果好高骛远、贪大、贪深，想面面俱到，勉强去做自己本来无力胜任的题目，到头来什么也搞得不深不透，没有新的发现，写得再全面也只是徒有其表、华而不实，没有什么实际效果。

例如，如果博士生的学位论文题目是《供应链网络设计研究》，这个题目面就太广了，而且体现不出博士学位论文要求的创新性。供应链网络设计是指对供应链中物流网络、信息网络及关系网络的流动结构进行科学合理的规划、设计、建设，包括节点布局、运输线路设计、容量配置等。每一项内容都包含很多研究方向，一篇论文中不可能也无法包括这么多的内容。

2）题目应涵盖论文的主要内容

题目应该准确无误地表达论文的中心内容。题目应使读者了解到该文的主题思想、主要观点和主要结论。题目是对论文中重要内容的高度概括，避免使用含义笼统及一般化的词语。

一般来说，要想准确无误地体现论文的主要观点，题目离不开四大支撑骨架，即题目的四大要素：研究对象、研究目的、研究范围、研究方法。题目只有准确地反映出这四者及其之间的关系，才能凸显论文的研究内容和研究深度。论文题目常常会交代论文内容的范围来引起同领域研究者的注意，以求引起共鸣。写作时，论文的题目可以根据论文的需要灵活掌握。

3）题目用词要恰当

题目用词要恰如其分地表达议题的新颖程度和研究内容的深度，避免用不得体的华丽辞藻，或过高过低的程度用语；用词简洁明朗，避免用烦琐冗长的形容词和不必要的虚词，力求用简洁、鲜明的语言，贴切地传递论文的精髓，尽可能地删除那些可用可不用的词语；选用本学科领域中较易概括、词义单一、通俗易懂和规范的术语；少用模糊语言，多用精准语言，多用常用的或使用全称，坚决不能使用有语病的题目。切忌用复杂的主、动、宾完整的语句逐点描述论文的内容，宜用词组做题目。

例如，《×××学》《×××论》《×××机理》等都是以系统理论做研究基础，用于有关著作的书名可以，但作为学位论文的题目则不好。另外，要少用动宾词组形式。比如，《研究按订单生产模式下收益管理与生产调度协调决策》，改为《按订单生产模式下收益管理与生产调度协调决策研究》为宜；再如《开发与实施面向离散型制造业的企业资源规划（ERP）系统》为动宾结构，可改为“的字短语”的名词性词组《面向离散型制造业的企业资源规划（ERP）系统的开发与实施》。

基于以上设计要点，论文的题目便可达到文题相符、含义明确和言简意赅的效果。可见，题目应该客观而准确地反映研究工作的主要内容，并应以最少数量的词来充分表述论文的内容，把握题目的“准、小、新”原则。准，指的是题目要准确，并用精练的文字将论文内容确切地揭示出来；小，指的是题目的角度小，角度小就具有较好的指向性，论文的思路随之明朗，容易写得集中、紧凑；题目过宽，往往由于投入研究的精力少及专业知识不深，而难以驾驭；新，指的是力求在题目中透露出新颖的立意，选题新颖才有阅读价值。而题目中使用导向性文字会降低论文的客观性，题目中的不确定性会降低论文的科学性。

在学术论文的写作中，有的是在写作时就确定好了论文的题目，有的是在写作阶段逐渐构思，有的是在全篇论文撰写完毕，才确定题目。通过对已经发表的论文题目的分类、整理，本书总结出学术论文题目的常用拟题方法如下。

2. 拟题方法

1）关键词法

关键词主要用于表达学位论文的主体内容。学位论文是科学研究中创造性思想的载体，首要任务在于传递科研信息，同时也具有文化储存和文化积累的意义。无论是从传递信息角度，还是储存信息角度考虑，主题词或关键词的标引都将给文献的储存和检索带来极大的方便。文献检索系统多以题名中的关键词（主题词）作为线索，关键词必须能准确地反映论文的核心内容。不恰当的题名很可能会导致论文“丢失”，从而不能被潜在的读者获取。关键词最能直接反映论文的内容，如能恰当组合，往往就是论文的题目。或者可以在题目确定后，用主题词检查对照，检验是否符合要求。如果题目未把做索引时可能用到的字（词）包含进去，甚至一个都没有，那么这个命题是失败的；相反，则是成功的。例如，博士学位论文题目《考虑中断风险的供应链优化模型和算法研究》，就是由论文关键词“中断风险”“供应链网络”“数学模型”“优化算法”组成的。关键词为题目写作提供了素材和依据，因此拟题总的原则是从论文里提炼关键词。

这种拟题方式简单且容易掌握，只需要选择与研究相关的关键词并根据研究问题的逻辑进行组合即可，可以是并列、从属、约束、递进等关系。但是，读者难以通过阅读该类题目了解论文具体的研究内容或贡献等，因此该类范式较适用于当关键词比较热门，可以一下抓住读者注意力的情况。

2）名词性词组法

名词性词组的功能相当于名词，论文题目常用“的字短语”的名词性词组，从题目中读者既可以了解论文内容的范围和研究对象，也可以了解论文的中心论点。例如，硕士学位论文题目《结合提前经济指标的间歇性需求的库存管理》《不同信息条件下平台型供应链质量成本的分析研究》。这种拟题方式多适用于对新的现象或场景进行研究，可以让读者快速了解论文内容的范围和研究对象。

3）立论式命题法

立论式命题法即通过论文题目揭示论文的中心论点，或提出对某个问题的解决办法，反映作者的研究成果。要求从标题可知作者的基本观点和见解。换言之，论文的基本论点或研究成果可用一句简短的词组概括时，就可用这个词组做论文的题目，这就是“立论式”的题目。

4）陈述性命题法

陈述性题名也可以称为“信息性题名”，一般不应是陈述句，因为题名主要起标示作用，而陈述句容易使题名具有判断式的语义；况且陈述句不够精练和醒目，重点也不够突出。少数情况（评述性、综述性和驳斥性）下可以用疑问句做题名，因为疑问句可有探讨性语气，易引起读者兴趣。例如，博士学位论文题目《道歉还是否认？企业如何选择危机响应策略——基于稳定归因视角》《论如何利用挖掘社交资讯来改进推荐系统》，以及硕士学位论文题目《团队冲突管理方式如何影响团队运营效率》等。以问句作为标题，直接给出论文的研究问题，也可以吸引读者的兴趣。

5）相关法

这种方法往往体现了论述事物之间或事理之间的相互关系，这种相互关系可以是辩证的或递进的，也可以是选择的或并列的。也就是说，可以是局部与整体、原因与结果，也可以是其他相互影响、相辅相成的两部分。这种方法拟定的题目中间用并列连词“与”“和”等连接起来，也有的不用连词而用空格或“・”等形式。例如，硕士学位论文题目《不确定随机变量与不确定随机规划》。这种题目更容易引起读者共鸣，吸引读者阅读全文。

6）阐述法

阐述法是指使用专指性较强的专业术语的命题方法。这种方法拟定的学位论文题目可以准确、精练地表达论文作者特定的研究课题或研究对象，让本专业的同行对论文的主题一目了然。这种方法常用于应用研究和应用基础理论研究的研究报告型学位论文和综述型学位论文。例如，硕士学位论文题目《供应链管理研究热点可视化分析——以 SCI 为数据源》。

还有一种直截了当地表达论文的本质特征，不含糊，不笼统，准确概括，语简词精。这种方法拟定的论文题目通常是一个简单句，指明论文的中心论点，或者是提出对某个问题的解决方法，反映作者的研究成果，从论文的题目便可知道作者的基本观点和见解。例如，硕士学位论文题目《考虑用户评分行为的个性化推荐算法设计》《基于 Fabric 框架的跨境电商物流品质溯源系统的设计与实现》。

7）参考同类学位论文法

每篇文献都有不完全相同的题目，作者可选择与自己研究内容相近的论文，借鉴其题目特点，确定不与之雷同的新题目。利用同类论文的题名类型进行分析，分析每个题目表达了哪几个要点，好在什么地方，来帮助自己写好题名。利用论文的关键词搜索与该论文相关的论文，分析他人论文题目的优缺点，确定自己论文题目的阐述重点，并应该考虑加入体现自己研究的创新点的词语。为了突出论文的核心内容，应尽可能地将表达核心内容的重要的词放在题名的开头，以便引起读者的注意。论文写完初稿后，还要对题目反复推敲，看是否符合确定题目的原则，是否准确反映论文的内容，是否达到简练醒目、引人入胜的效果。或者请其他同学阅读，征求他人的意见和建议，必要时还可与导师商榷，力争做到一篇好论文有个好的题目。可参考示例 4-1。

【示例 4-1】

1）学士学位论文题目

基于模型预测控制的网约车动态调度与派单算法研究

基于数据分析的全渠道运营优化研究

关于贝叶斯劝服模型的实验研究

车辆路径问题的建模与遗传算法研究

基于深度学习的图像环境风格迁移算法研究

考虑机组人员偏好和需求的机组组环问题研究

基于用户评论的教育类 App 质量评价

Y 市政建工程项目管控信息系统设计与实施

黄石市房产管理信息系统设计与分析

网约车安全信息管理平台的设计与实现

制造商品牌和自有品牌合作广告与定价决策的动态模型

考虑道路堵塞的带时间窗的车辆路径规划问题研究

2）硕士学位论文题目

间歇计算系统中的实时调度算法研究

基于成本-收益理论的水库移民补偿模型研究

具有挤兑效应的设施选址—库存—定价问题研究

基于浮动车的交通信息服务系统关键技术研究

有限加油站网络中的车辆路径问题研究

需求可拆分绿色车辆路径问题研究

基于物料搬运系统认知自动化水平的制造柔性研究

考虑两级库存策略的配送网络设施选址——库存联合优化问题

面对小零售商户的库存路径问题的聚类算法研究

网络零售商在不同批发价格策略下的最优定价策略

基于协同条件下的供应链质量管理策略研究

多品种小批量面向订单生产的动态排产研究

机场经营模式、服务定价与价格管制研究

不确定环境下泊位与岸桥的协同调度研究

基于鲁棒优化的集装箱码头泊位分配问题研究

闭环供应链网络规划与产品定价问题研究

投资控股型公司信息系统管理模式研究

3）博士学位论文

组织内外部在线知识共享社区参与者行为影响研究

基于库存和备用供应商应对供货风险的策略研究

大数据背景下支持向量机的随机坐标算法和鲁棒支持向量机研究

医疗运作管理中三个调度问题的模型与算法研究

基于流程柔性与随机优化的半导体产能管理决策研究

物流园区的成长及其对区域经济发展的影响研究

城市公共交通线路投资决策与运营优化模型研究

基于数据分析方法的供应链网络设计研究

钢筋混凝土预制构件多流水线生产过程优化管理系统研究

城市交通基础设施投资与拥挤外部性管理决策模型研究

机场时刻资源优化配置与“空铁联运”市场需求预测模型研究

面向可持续发展的交通信号配时优化研究

货物运输服务网络设计优化模型和算法研究

置换型组合优化问题的交互熵算法研究

航空公司机组排班模型研究

社区卫生服务网络布局规划及患者流控制的优化研究

建筑火灾中的个体寻路行为研究

生鲜农产品批发市场的库存动态控制与供应链协调

手术室资源优化调度方法研究

建筑施工安全相关行为的建模与仿真

4.1.2 摘要

1. 摘要的写作原则

摘要又称概要，是全篇论文关键内容的压缩。目的、结果和结论通常被称为摘要的三要素。其中，研究目的主要指研究背景、研究范围、重要性、研究任务，并不是简单重复主题；研究结果主要是陈述论文工作流程，进一步说明主要研究内容，以及研究过程中完成的工作，包括研究对象、原理、条件、程序等，以及研究之后的重要新发现、新成果、理论价值与现实意义，包括取得的数据和结果，并剖析其局限与不足；研究结论是指通过研究所得出的重要结论，包括已证实的正确观点，以及比较预测这些观点在现实中的意义和理论价值。摘要应该独立且自明，拥有与整篇文献同等量的信息，即使读者不阅读全文，也能获得论文的关键信息。摘要一般置于论文题目之下、正文之前，篇幅控制在 300 字以内。

摘要主要有两个功能：第一，方便情报文献检索数据库的运维。论文发表后，文摘杂志或数据库可以直接利用摘要，不作修改或稍作修改，避免他人编写摘要可能产生的误解甚至错误。随着计算机技术和互联网的发展，线上搜索、查找和下载各类数据已成为信息情报检索的重要方式，各类数据库越来越显示出现代社会信息交流的速度和层次。第二，让读者快速了解论文的主要内容，以补充题名的不足。当下科技文献信息量浩如烟海，读者检索到论文题名后是否会阅读全文，主要取决于阅读摘要。所以，摘要承担着吸引读者和将文章的主要内容介绍给读者的任务。

同时，论文摘要是读者检索文献的重要工具。所以，论文摘要的质量，直接决定着论文的被检索率和被引频次。因此，作者应重视摘要的书写。写好摘要，需要研究者具有严肃认真的科学精神和雕琢精神，只有这样才能更好地相互交流、共同进步。

摘要应准确反映论文的研究内容，不应包含论文中没有的内容。如果是主要在现有的某个研究的基础上进行的研究，是扩展对以前研究的，就应该在摘要中注明以前研究的作者姓名和年份。将摘要与论文的层次标题进行对比可以有效核实摘要的精确性；同时，摘要应自成一体，独立成篇，要对专有名词、缩写（计量单位除外）、省略语详细说明。新名词或无合适中文翻译的可用原文或翻译后加括号注明原文。在引用其他出版物时要注明作者姓名和出版日期；摘要中的每一个句子都要能最大限度地包含信息，且尽量简练。摘要长度一般不超过300字。摘要开头要提出最重要信息，但不要重复题名。它可以是研究目的，也可以是研究结论。摘要里最多包括4～5个最重要的观点、结论或意义。

摘要作为一种特殊的陈述性短文，书写的步骤与普通文章有所不同。摘要通常在论文完成之后写作，但也可以提早写，再边写论文边修改摘要。首先，研究者要从摘要的三要素出发，仔细将文中的重要内容一一列出，特别是要对每章节的研究内容与发现做高度归纳总结，保留精华部分，提取用于编写摘要的关键信息。其次，看这些信息能否完全、精准地囊括摘要的三要素，语句是否精练。若不足以囊括这些要素，则需要重新摘录论文相应的内容进行补充。最后，将这些离散信息组成逻辑通顺、不难理解的完整句子，再进一步组成通畅的短文，反复通读此短文，修改直至达到摘要的要求。

在写摘要时，要注意以下几点。

（1）突出重点。摘要中应排除学科领域中的常识性内容，切忌把引言内容写入摘要，也不要从主观角度评论和诠释论文内容。

（2）不得简单地重复题名中的已有信息。比如，一篇文章的题名是“数字化背景下工资战略投资的研究”，摘要的开头就不要再写：“为了研究数字化背景下工资战略投资的研究”。

（3）语义明确，表达简洁，逻辑严谨。每句话表意明确，无空泛、笼统、含糊语句，摘要是一篇完整的短文，建议不要采取电报式写法。句子之间要连贯，前后互相呼应。慎用长句，语句尽量简洁明了。摘要先写什么，后写什么，要按逻辑顺序来安排。摘要不要分段。

（4）用第三人称。建议采用“对……进行了研究”“报告……现状”“进行……调查”等方法标明文献主题，不要使用“本文”“作者”等作为主语。

（5）要使用规范化的名词术语。使用公知公用的符号术语。新术语或尚无合适中文翻译的，可用原文或翻译后加括号注明原文。

（6）除非真的无法变通，一般不用数学公式，不出现插图和表格。

（7）对于缩略语、略称、代号，除了相关专业的读者清楚知晓的以外，在首次出现时必须加以说明。

2. 摘要的结构

摘要包含三个要素，即本文的研究背景和目的、研究内容（含结论）和研究意义（或贡献）。下文介绍两种摘要结构。

1）分两个部分的写法及示例

第一部分写本文的研究背景和目的，只用一个自然段来写。

第二部分写研究内容（含结论）和研究意义（或贡献），分多个自然段来写，每个自然段对应一个核心章节，写该章的研究内容与结论，最后一句话写该章的研究意义。可参考示例 4-2（胡鹏，2023）。

【示例 4-2】 摘要的写法 1

摘　　要

近些年自然语言处理等人工智能技术的快速发展使得……然而，目前学界对于……研究还处于起步阶段，企业对于如何利用……本文围绕……展开了如下研究（研究背景和目的）。

首先，用户对智能语音助手的信任是企业发展智能语音商务的基础。本文结合……研究发现，用户对于……这些发现建议企业应密切关注……（最后一句话是研究意义、贡献）。

其次，用户愿意接受智能语音助手的推荐是购买转化的基础。本文在上一个研究的基础上，采用……研究发现……这些发现表明企业（最后一句话是研究意义、贡献）。

最后，用户采用智能语音助手进行线上消费是企业最终实现技术变现的关键。本文在前两个研究的基础上，结合……研究发现……研究还发现……基于这些发现，本研究建议企业……（最后一句话是研究意义、贡献）。

2）分三个部分的写法及示例

第一部分写该篇论文的研究背景和目的，只用一个自然段来写。

第二部分写研究内容（含结论），分多个自然段来写，每个自然段对应一个核心章节，写该章的研究内容与结论，最后用一句话写该章的研究意义。

第三部分写该篇论文的研究意义或贡献，只用一个自然段来写。可参考示例 4-3（丁龙，2020）。

【示例 4-3】 摘要的写法 2

摘　要

随着电子商务经济的兴起，不同国家地区市场的产品价格落差或者市场供需诱导了众多的经销商进行窜货，灰色市场规模逐渐扩大，产生的影响也越来越深远……鉴于此，本文将 RFID（radio frequency identification，射频识别）技术引入灰色市场研究，运用博弈理论和数值仿真技术……（研究背景和目的）

第一部分研究了垄断市场结构下第三方窜货的情形，通过……发现 RFID 技术可以抑制……

第二部分研究了竞争市场结构下第三方窜货的情形……研究还发现灰色市场可能会降低制造商的利润，采纳 RFID 技术可以……

第三部分研究垄断市场结构下零售商窜货的情形……研究发现……

第四部分研究竞争市场结构下零售商窜货的情形，并且对比分析了……发现垄断情形下零售商的窜货决策……

本文既丰富了灰色市场和 RFID 技术相关的理论研究，也为企业和市场管理者应对不同灰色市场结构下的不同主体窜货的情形提供了较为完善的理论指导。（研究意义、贡献）

3）学士、硕士、博士的差别

对于学士、硕士、博士三种类型毕业论文的摘要而言，写作原则和结构的要求基本一样，只是在字数上的要求略有不同。

4.2 主体部分

4.2.1 主体部分的结构

学位论文的主体部分的结构，一般按如下的方式设计。

1）第 1 章 绪论

1.1 研究背景与意义

……

1.3 研究内容与方法

2）第 2 章 相关基础理论与方法（或文献综述）

3）核心章节

4）最后一章 结论与展望

x.1 结论

x.2 创新点

x.3 展望

4.2.2　研究背景与意义的写法

研究背景与意义部分的写作是为了阐述论文主题的缘由和重要性。在写研究背景与意义之前，同学们需要问自己几个问题："我研究的初衷是什么？"、"我为什么要做这个研究？"以及"这个研究能带来什么样的理论和实践意义？"在明确了这些问题的答案之后，同学们就可以着手准备写论文的研究背景与意义。在开始写研究背景和意义之前，同学们要确认自己是否对理论、概念术语等有不理解的情况，是否收集了足够的写背景脉络所需要的历史数据和信息。

研究背景与意义部分需要注意的问题：①叙述要清晰，突出重点，并且有一定的新意；②紧扣研究主题、研究背景和研究综述里面的内容，做到前后一致；③内容也需要有一定的说服力，不能夸夸其谈。研究背景与意义的内容包含四部分（图 4-1）。

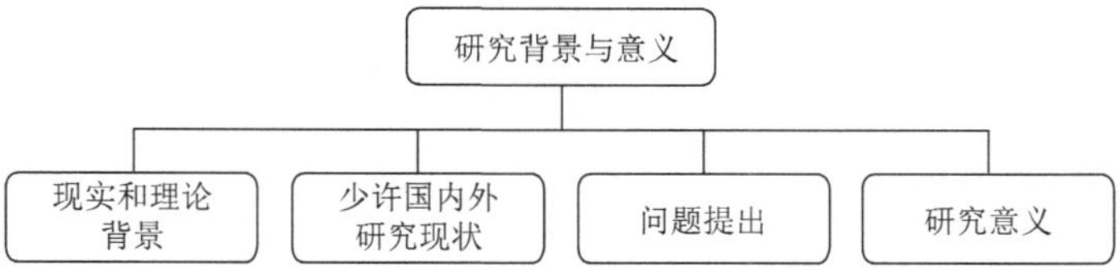

图 4-1　研究背景与意义的内容示例

学位论文的现实和理论背景，主要有以下四个切入点。

第一个切入点是通过例子或数据论证社会大环境及趋势，如"后疫情时代的产业发展问题""大数据时代，人力资源领域新的变革"等，还可以列举数据说明社会大环境以及趋势，如"受到全球新冠疫情反复等因素的影响，2022 年我国的就业形势仍然面临着诸多挑战和压力。根据教育部公布的数据，我国 2022 届高校毕业生规模预计 1076 万人，同比增加 167 万人，规模和增量均创历史新高"。

第二个切入点是阐明行业的大环境变化与发展方向，如"互联网行业，如美团和阿里巴巴等互联网行业也面临扩展新业务的问题"。同时，也可以通过图表来展示服务业和中小企业的就业背景。

第三个切入点是落实到具体企业或者行业，提出目前急需要解决的问题，如"人工智能时代，制造业工人是否有被机器替代的危机""人工智能时代，人如何与机器协同，来实现最大化的效率"。华中科技大学陈凡博士认为目前扶贫行业在实践过程中存在的问题是："非营利组织在我国总体发展时间不长，无论是工作方式还是组织管理模式都还处于探索阶段，在扶贫实践过程中也表现出了许多不成熟的地方，使组织参与价值无法充分体现。具体表现在以下几个方面：首先，筹资效率不足；其次，单个组织能力有限，组织之间缺乏协同机制；最后，非营利组织与其他主体之间缺乏协调。"

第四个切入点可以落实到理论背景。一般使用理论背景作为切入的学位论文都是旨在在理论上有所突破或创新，可以涉及提出新理论、完善旧理论，或者将其他领域的理论运用于管理学领域。比如，华中科技大学袁茂的博士论文就是从理论背景入手，“本文构建了不同竞争特征下的供应链博弈模型，研究得到企业最优的产品销售渠道策略，揭示了影响最优策略的关键因素，丰富了销售渠道管理理论”。

第二部分的国内外研究现状不需要大篇幅的总结，只需要关注几个核心的结论及存在的研究不足，为后面问题的提出做好铺垫。研究背景和意义，与研究现状是不同的。研究现状是总结与研究主题相关的研究成果，主要以总结陈述的方式来呈现，要具体到目前关于具体研究主题的文献有哪些，得出了哪些主要的结论，通过列举这些理论或者研究结论来找到还没有研究的空白部分。研究背景和意义属于更广的宏观层面，基于问题“我为什么要做这个研究”“我做这个研究的初衷是什么”？

第三部分问题提出的写法，同学们要紧扣自己的研究主题，提出相关的问题。要记住，国内外研究现状会引出很多不足和有待解决的问题，但是我们的学位论文只能解决少量的问题，所以一定要聚焦。

第四部分研究意义的写法要明确选择这个研究主题的意义与价值，要问的问题是“在前人研究的基础上，我做了哪些新的工作？”研究意义部分一般从两个方面来写：理论意义和实践意义。理论意义主要体现在两个方面：一是就某个研究领域角度而言，该研究的意义和价值；二是就某个理论角度而言，该研究的意义和价值。而实践意义则根据特定的研究对象来定，如实践意义可以从三个方面来写：①对整个国家和社会层面，带来的意义；②从企业层面，带来的实践意义；③从个人层面，带来的实践意义。

下面，我们以一篇博士学位论文的内容（缩减版）作为示例［示例 4-4（袁茂，2023）］。一起来看。

【示例 4-4】

现实背景：“任何产品只有通过销售渠道才能到达消费者的手中，完成从产品到商品的转变，实现商业价值变现。因此，销售渠道的重要性不言而喻。据统计，销售渠道相关的因素对消费者决策的影响力高达 40%以上，70%左右的公司将渠道管理列为首要挑战之一。如何依据市场环境构建合适的产品销售渠道，提升市场竞争力已经成为企业重点关注的课题。多样的渠道选择扩大了企业与消费者的接触面，创造了更多的销售机会，同时也对企业的渠道管理提出了新挑战。首先，在多渠道销售模式下，上游制造商不仅仅是零售商的合作伙伴，为其提供产品，同时还是零售商在下游市场的竞争者。在此种竞合关系下，制造商需要平衡不同渠道之间的利益，避免渠道冲突带来的损失。其次，面对越来越多消费者，制造商需要提供更加多样的产品以满足消费者的个性化需求。根据 Alizila 和 Scrapehero 的数据，2016 年亚马逊平台 SKU 数量超过 3 亿个，阿里平台 SKU 数量已经超过 10 亿个。由于不同渠道中消费者购买习惯以及产品偏好也存在差异，制造商需要进一步优化渠道中产品品类配置策略，选择不同渠道中投放的产品种类，从而在协调不同渠道的客流量的同时匹配消费者的需求。制造商在设计最优的销售渠道结构时应当考虑渠道冲突和品类管理带来的影响。”

少许国内外研究现状：“学术界围绕独家销售渠道（Marx and Shaffer，2007；Hagiu and Lee，2011；Rey and Whinston，2013）、直销渠道（Chiang et al.，2003；Tsay and Agrawal，2004；Arya et al.，2007）以及多产品销售渠道（Bhatnagar and Syam，2014；Li et al.，2015；Dzyabura and Jagabathula，2018）等主题进行了深入的讨论与分析，并得到了一系列的研究成果。然而，现有关于销售渠道构建策略的研究仍存在以下的不足之处：①忽略了潜在市场竞争对供应商选择销售渠道的影响；②大多聚焦于替代品渠道竞争策略，鲜有研究深入探讨产品互补特性如何影响企业选择直销渠道；③局限于从企业运作层面分析产品在不同渠道的配置策略，缺乏分析消费者行为的影响。”

问题提出：“本文将重点研究以下几个问题：①当制造商拥有研发生产替代产品的能力时，制造商带来的潜在竞争如何影响供应商的渠道构建策略？供应商渠道策略与制造商研发能力投资如何相互影响？②在电子商务兴起的背景下，互补品制造商应当如何选择直销渠道策略？产品互补程度和供应链权力变化如何影响均衡渠道策略？③考虑企业之间的竞合关系，不同的产品品类配置策略如何影响各个渠道中的客流量？多产品制造商如何为产品设计最优的销售渠道，有哪些关键影响因素？”

研究意义：“①理论意义。本文构建了不同竞争特征下的供应链博弈模型，研究得到企业最优的产品销售渠道策略，揭示了影响最优策略的关键因素，丰富了销售渠道管理理论。②现实意义。本文分析了不同竞争特征下企业的最优价格/数量以及销售渠道决策，得到的研究结果有助于企业在复杂竞争环境做出科学的决策，对企业销售渠道的高效管理具有重要的实践指导意义。”

4.2.3　研究内容与方法的写法

1）研究内容的写法

本部分的写法是，先用一个自然段介绍该篇论文核心章节之间的逻辑关系，随后绘制一个图形，呈现内在逻辑关系。

然后介绍核心章节的研究内容，每一章的研究内容，单独写为一个自然段。该自然段的写法，相比于摘要而言，是更为详细地介绍该章的研究目的、运用的方法、研究的内容（含结论）和意义（或贡献）。可参考示例 4-5（胡鹏，2023）。

【示例 4-5】 研究内容与方法的写法示例

论文围绕智能语音商务中的三个关键环节展开研究，图 4-2 展示了论文的研究框架。

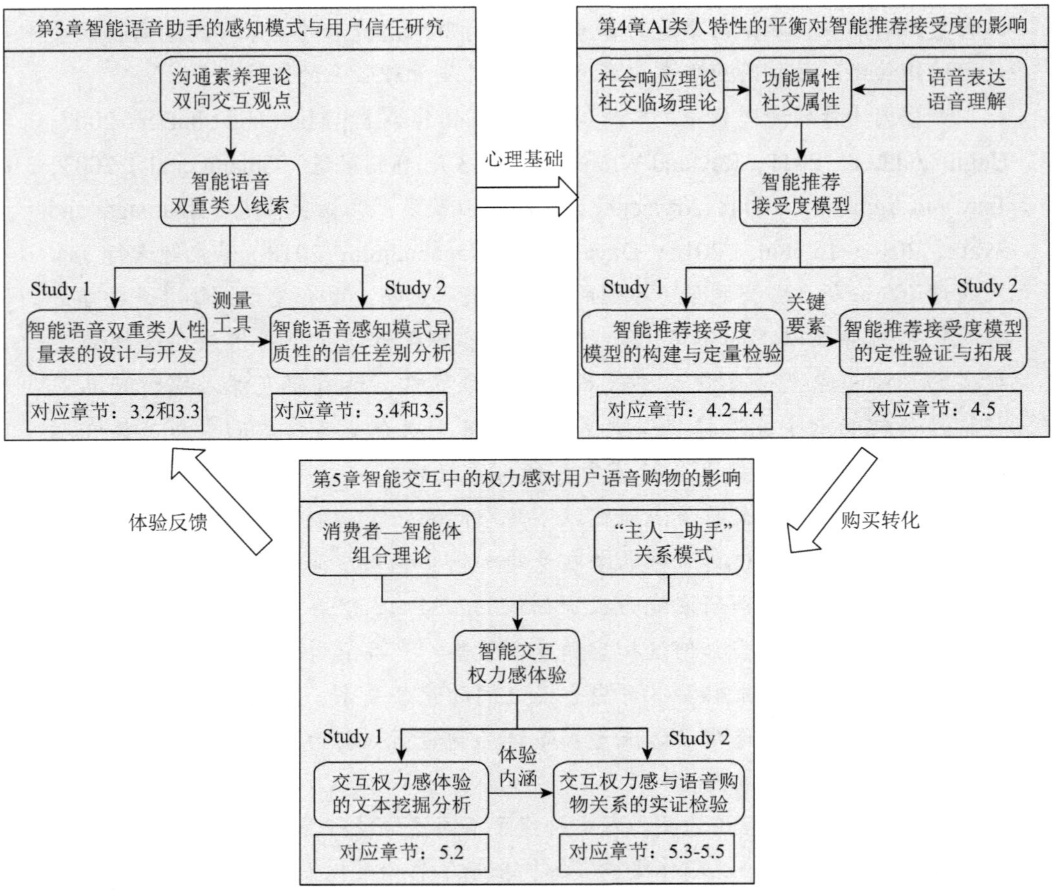

图 4-2 本论文的研究框架图

第 3 章研究了智能语音商务中用户对语音助手的信任水平，该研究的主要目的是探索用户对于智能语音助手类人性的感知模式以及感知模式的潜在异质性与用户信任的关系。基于……本研究提出了……然后，本研究利用……最后，本研究利用……

第 4 章研究了智能语音商务中用户对语音推荐的接受度，该研究的主要目的是弄清智能语音助手的语音理解和语言表达这两个语音推荐相对于传统推荐的独特性元素如何通过社交和功能属性感知影响语音推荐接受度。基于……本研究构建了……然后，本研究采用……在此基础上，本研究进一步采用……

第 5 章研究了智能语音商务中用户的语音购物意向，该研究的主要目的是聚焦于用户与语音助手的关系体验的商务价值，探究目前企业普遍采取的"主人-助手"关系设计策略对用户语音购物意向的作用机制。本研究首先基于……提出……在此基础上，本研究结合……

2）研究方法的写法

对于研究方法的写法，先用一个自然段集中介绍该篇论文所使用的研究理论、研究方法，然后绘制一个图形，表达这些理论和方法与研究内容之间的关系。可参考示例 4-6。

【示例 4-6】 研究方法的写法示例

本文综合采用了"多数据源（问卷数据、访谈数据、客观数据）、多方法（追踪调查、用户访谈、大数据文本挖掘）、混合方法（定量与定性结合）"的整体研究设计，共 3 个主题研究，由 6 个 Study 组成，确保了研究设计的严谨性和研究结论的可靠性。图 4-3 展示了本文的技术路线。

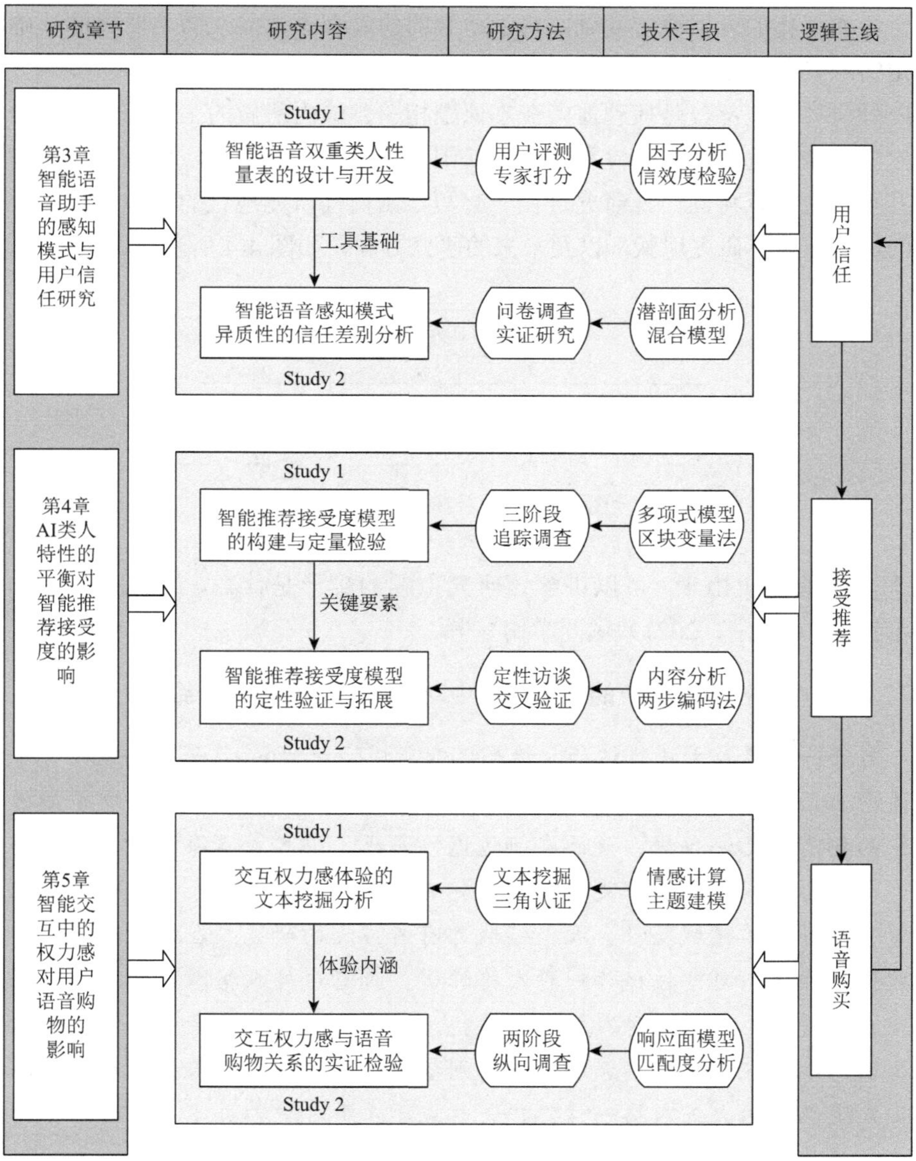

图 4-3　论文的技术路线图

3）本、硕、博的差别

对于研究内容的写法，三者之间几乎一样。对于研究方法的写法，考虑到学士学位论文重在应用，轻于理论研究，因此研究方法的介绍，可以写，也可以不写。硕士和博士学位论文的研究方法的写法，其要求应该是一样的。

4.2.4 国内外研究进展的写法

在学位论文中，对国内外研究进展进行总结就体现了对前人工作的认可，也可为自己的学位论文工作的开展奠定基础。几乎所有的研究都是建立在前人研究的基础上，需要有一定的积累和沉淀。

国内外研究现状部分是梳理前人在本课题相关领域内所做的工作和尚存在的知识空白，确定学位论文选题的新颖性和创新性。国内外研究进展的写法可以国内研究和国外研究分开写，也可以将国内外研究合在一起写。国内外研究现状的内容包括学位论文研究主题的历史由来、研究现状，以及未来的研究方向，如图 4-4 所示。

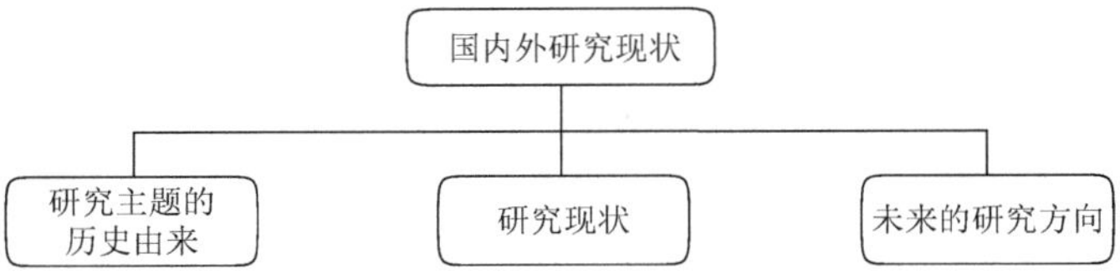

图 4-4 国内外研究现状构成

研究主题的历史由来，可以讲解该研究主题的雏形是什么，最早的理论来自哪个领域。示例 4-7（周空，2021）供同学们参考。

【示例 4-7】 华中科技大学周空的博士论文中对自恋的历史由来介绍

自恋一词起源于希腊神话人物那喀索斯（Narcissus），一个英俊的青年过分迷恋自己，最终爱上了自己在河中的倒影，不再关心他人。此少年因迷恋水中的倒影而无法自拔，最终在河边憔悴而死。中文《辞海》对自恋的解释是“个体自我崇拜并过分关心自己的完美的一种心理状态”。自恋在临床心理学、精神病学领域及社会人格领域都有着广泛的研究。在临床心理学和精神病学领域中，自恋被视为一种人格障碍，拥有这样人格障碍的人往往比较自大，不关心他人。此种人格障碍被视为一种疾病而给患者带来身体和心理的负面影响。在社会人格领域，自恋则被视为一种正常的人格特质，其与被人们广泛熟知的大五人格一样，广泛存在于人群之中，并不是一种人格障碍或者疾病（Campbell et al.，2011）。

研究现状的写法不是简单地罗列哪些学者做了哪些工作，而是要通过总结这些学者的工作，引出自己的观点和想法，因此，同学们在写毕业论文的时候，一定要对以往的研究有自己的判断。很多同学容易犯的错误是缺少分析评价，有的只是一一列出了别人研究的论据，而缺乏自己的分析和理解内容。研究所论述的内容要集中，有逻辑，不能单纯地罗列。示例 4-8（周空，2021）供同学们参考。

【示例 4-8】 华中科技大学周空的博士论文的研究现状图

周空的博士论文研究领导自恋对团队突破性创造力的作用效果和机制，在研究现状方面，他对突破性创造力的前因变量（组织因素、领导因素和个体因素）和机制（信息深度、信息广度、亲组织/团队动机和内部动机与目标）进行了总结，并清晰地用图对这些类型的研究进行总结，如图 4-5 所示。

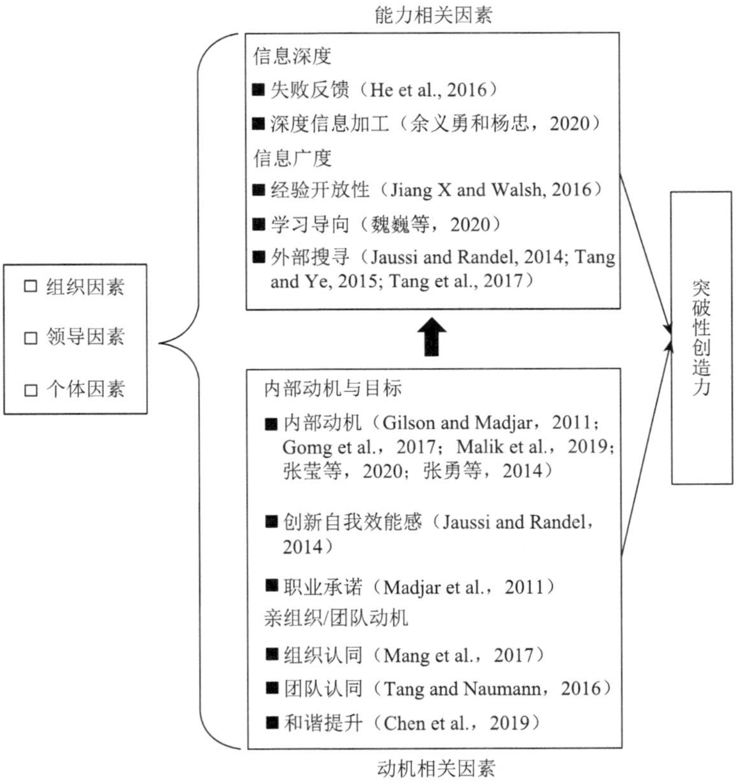

图 4-5　研究现状图举例

关于未来的研究方向的写法，需要在研究现状的基础上，有逻辑性地提出未来的研究方向。未来研究方向要在一定程度上与自己的研究主题契合。涉及本土化研究，可以将国内外研究发展情况进行横向比较，强调国内外研究的差异或者本土研究还存在空白的部分。比如，在研究谦虚型领导的时候，强调西方学者往往比较关注西方企业常见的领导方式，包括自恋型领导、变革型领导，而很少关注具有儒家思想元素的谦逊型领导形式是怎样的，以及会对员工产生怎样的影响。可参考示例 4-9（周空，2021）。

【示例 4-9】 我们将华中科技大学周空的博士论文作为例证

学术界仍需要更深入地探索和研究领导自恋与团队突破性创造力之间的关系。当前研究的不足不仅阻碍了学术界对于团队突破性创造力前因的理解，而且限制了学术界对于领导自恋在组织中影响结果的全面了解。随着外部环境的不确定性越来越强，以团队为单位构建的运行结构也越来越多。相比于依赖于多个独立员工的工作方式，以团队为单位的工作方式可以吸收、融合不同团队成员之间的专长和优点，最终产生远超于独立员工工作绩效之和的绩效。因此，本研究聚焦于探讨和检验领导自恋对于团队突破性创造力的关系以及内部作用机制。具体来讲，本研究将结合自恋领域的相关研究结论和特质激活理论（Tett and Burnett，2003），提出领导自恋对于团队突破性创造力的影响存在矛盾的“双刃剑”效应。一方面，自恋的领导喜欢在工作中占据支配地位，对自己过度自信，这会影响他们对于那些来自于下属信息（如有用的想法和建议）的信任程度，进而降低团队的深度信息加工并最终负向影响团队的突破性创造力；另一方面自恋的领导会在突破性创造力的投入方面成为团队成员的角色模型，提升团队成员对于异质信息的搜寻行为并最终正向影响团队的突破性创造力。此外，自恋领导所处于的外部环境（领导创新重视程度和团队间竞争强度）将会在一定程度上减少其对于下属信息的封闭，强化其对于异质性信息的搜寻，并最终弱化领导自恋对于团队突破性创造力的消极影响，强化领导自恋对于团队突破性创造力的积极影响。

在撰写国内外研究进展时，需要注意的是：①要对一定数量的新文献（近五年内）进行综述，这样才能体现学生对最新文献研究内容的关注；②不能忽略具体研究领域的代表性文献，这样才能体现学生对具体领域的掌握程度；③对研究的关键变量一定要进行研究进展的总结；④论述不能篇幅过长，要突出自己的重点，也要有逻辑性；⑤可以借鉴他人的论文，但不能出现抄袭行为，要在别人的基础上进行修改、完善、整合等，如果是摘抄别人的话，则需要注明引用。总之，研究进展是服务于我们的研究主题的，因此要围绕着学位论文的研究主题的几个领域展开充分的叙述，然后有逻辑性地提及研究的不足，再提出学位论文的研究意义和贡献。

4.2.5 核心章节的版面结构

学位论文的章节中，除去第 1 章绪论、第 2 章相关基础理论与方法，以及最后一章结论与展望，对于剩下的核心章节而言，常见的结构有三种类型。

1）独立结构

第 3 章介绍框架性的研究工作，即为全文的研究工作搭建一个系统性的框架，那么，本篇论文后面的各章核心研究内容，都是该框架中的一个单元，或者是基于这个框架来做各自的研究，如图 4-6 所示。可参考示例 4-10 的写法（丁龙，2020）。

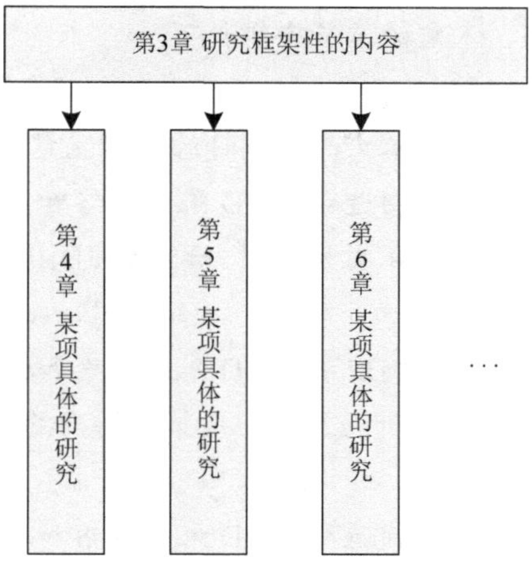

图 4-6　独立结构

【示例 4-10】独立结构

结合研究现状，围绕研究目标，本课题的主要研究内容包括以下四个方面：①垄断情形下制造商 RFID 策略对第三方窜货的影响机制研究；②竞争情形下制造商 RFID 策略对第三方窜货的影响机制研究；③垄断情形下制造商 RFID 策略对零售商窜货的影响机制研究；④竞争情形下制造商 RFID 策略对零售商窜货的影响机制研究（图 4-7）。

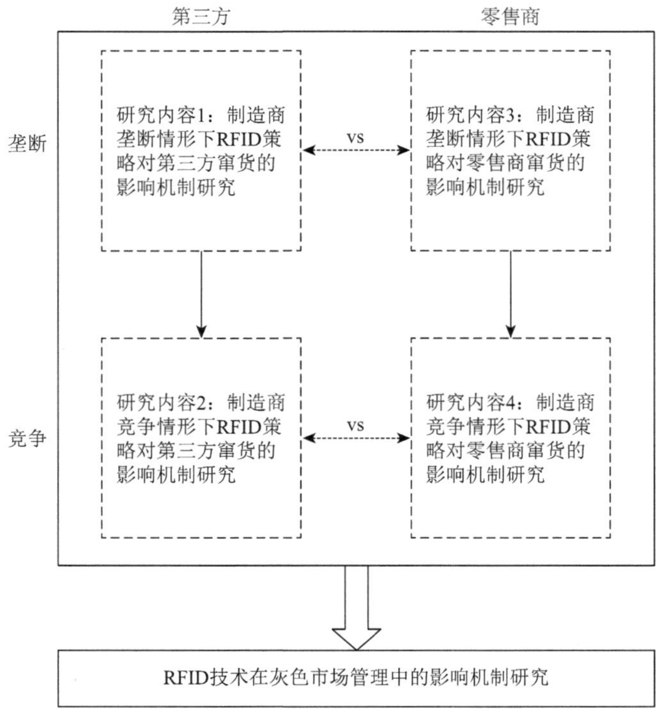

图 4-7　研究内容框架

根据研究内容框架，本文的章节安排如下。

第 1 章：详细介绍本文研究背景、研究内容和研究方法，并对国内外相关的研究文献进行总结，归纳出本文的研究目的和研究意义。

第 2 章：建立垄断情形下制造商 RFID 采纳策略和第三方窜货的博弈模型，分析制造商和第三方博弈的内在决策机制，研究 RFID 技术对第三方窜货形成的灰色市场的影响。

第 3 章：建立竞争情形下制造商 RFID 采纳策略和第三方窜货的博弈模型，着重分析市场竞争强度对灰色市场、企业决策和博弈均衡的影响，并对比竞争和垄断情形下的均衡解。

第 4 章：建立垄断情形下制造商 RFID 采纳策略和零售商窜货的博弈模型，分析制造商和零售商博弈的内在决策机制，研究 RFID 技术对零售商窜货形成的灰色市场的影响，并与第 1 章研究内容进行对比分析。

第 5 章：建立竞争情形下制造商 RFID 采纳策略和零售商窜货的博弈模型，着重分析市场竞争强度对零售商窜货形成的灰色市场的影响，并分别与第 3 章、第 4 章的研究结果进行对比。

第 6 章：对全文的工作进行总结，陈述其中的不足并规划后续的研究方向。

2）串行结构

该结构的特点就是，每一章的研究，都是下一章研究工作的基础，每一章研究结束后，才能进入下一章的研究（图 4-8）。示例 4-11（宋奕，2018）供同学们参考。

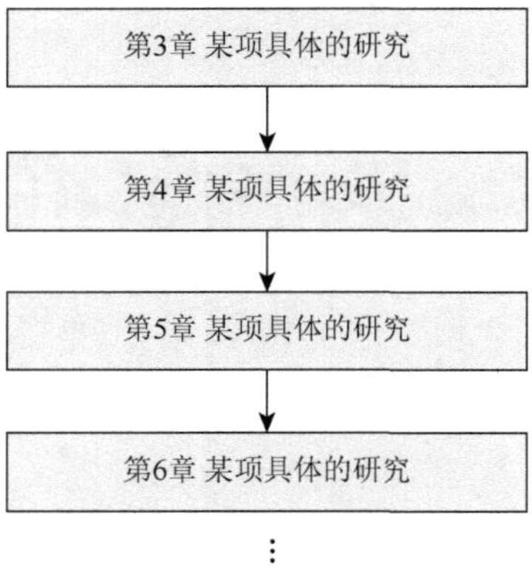

图 4-8 串行结构

【示例 4-11】串行结构示例

本文的内容和章节围绕着如何应用突变理论、社会动力学和仿真相结合这种新方法来探索网络环境中个体选择行为的新领域展开的。因此本文分为 6 章，其中第 1 章是……第 2 章是在……第 3 章是在对第 2 章个体认知弹性的基础上，利用计算实验平台……第 4 章……第 5 章……第 6 章是总结与展望，对全文……

研究内容具体安排如图 4-9 所示。

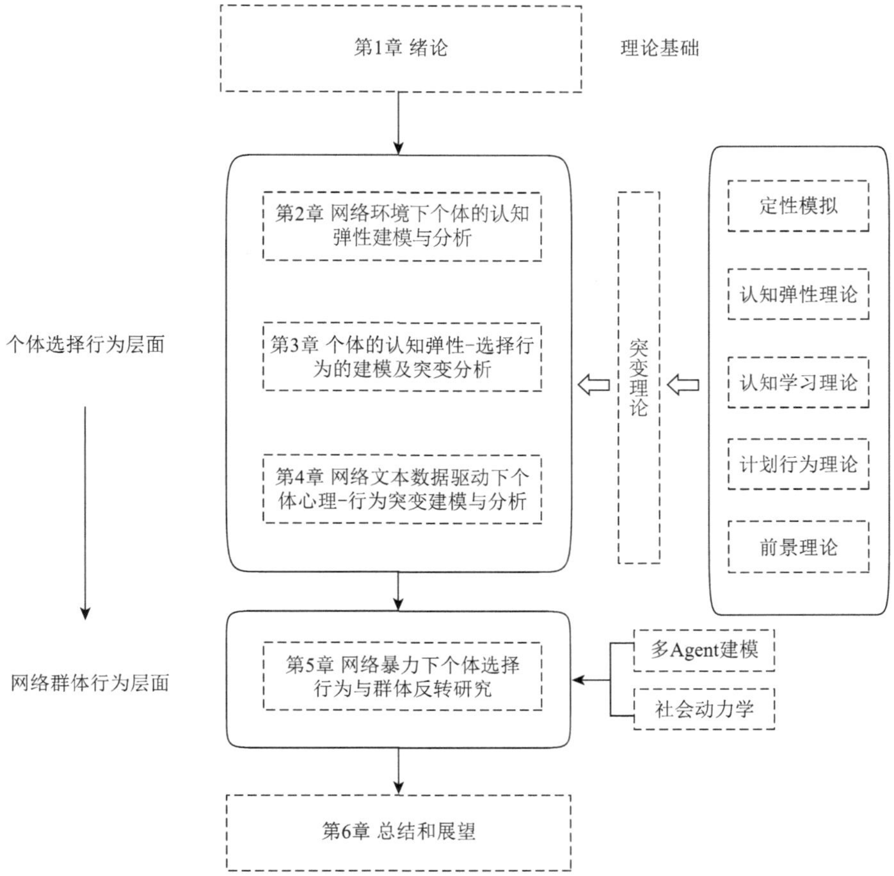

图 4-9 本文研究章节安排

第 1 章是绪论。交代了选题的来源、目前进展和意义，并对文章的研究对象选择行为以及研究中运用的相关理论方法进行评述。

第 2 章是网络环境下个体的认知弹性建模与分析。个体的选择行为决定了……为此，本章以……最后通过实验对……实验表明……

第 3 章是个体的认知弹性-选择行为的建模及突变分析。随着大数据时代的推进……因此，根据认知与压力之间的 Yerkes－Dodson 定律……

第 4 章是网络文本数据驱动下个体心理-行为突变建模与分析。以个人在网络环境下的观点突变为例，……通过检验，本章方法……为基于文本数据的建模、仿真和大数据挖掘提供了新思路。

第 5 章是网络暴力下个体选择行为与群体反转研究。群体行为的反转逐渐成为……个体在观点决策过程中，其选择行为……在此基础上通过一系列的仿真实验探讨了……。

第 6 章是总结和展望。对全文……描述其中的不足并……

3）面板结构

该结构的基本特点是，各章之间的逻辑关系并不是单一的因果关系，而是多重因果关系。如图 4-10 为两种参考样式，但实际写作时不限于此。示例 4-12（宋奕，2018）和示例 4-13（董开平，2008）供同学们参考。

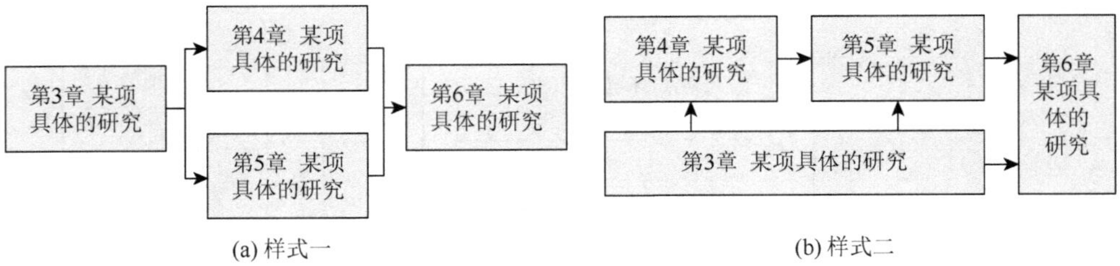

图 4-10 面板结构示意

【示例 4-12】面板结构 1

本文的内容和章节围绕如何应用突变论、观点动力学和计算机仿真来研究智能环境下众包物流企业员工行为、用户行为、企业行为的领域展开。本文分为 7 章，主要章节安排如图 4-11 所示。

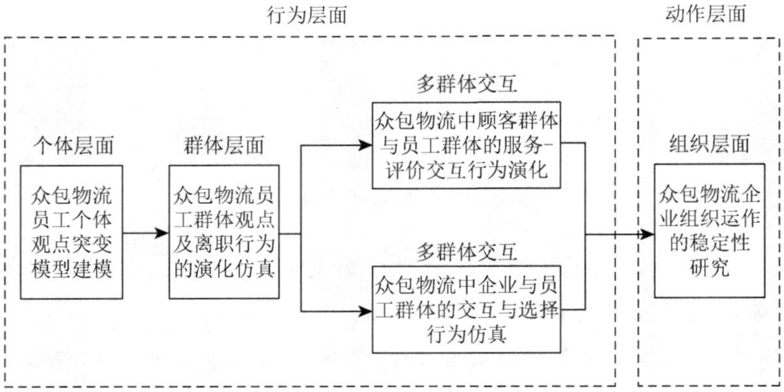

图 4-11 本文主要章节内容安排

第 1 章：对众包物流员工与传统物流员工之间的不同特征进行总结，对国内外关于观点动力学、组织计算、突变论的研究进行详细的总结……

第 2 章：以个人在网络环境下的观点突变为例，将观点动力学与突变模型结合起来，用网上描述人的观点变化现象的文本数据……通过检验，本文方法……

第 3 章：根据第 2 章建立的基于突变论的观点动力学模型，进行众包物流员工行为研究。由于环境因素的微小变化，例如……实验结果证明了……

第 4 章：通过众包物流员工中的两种交互过程的模型来探索员工离职行为

的内在机理。第一种交互是……第二种交互是……通过基于智能体的仿真实验，我们发现……

第 5 章：对于众包物流企业之间争夺众包员工的竞争、众包员工为了获得更高的配送收入而竞争，因此形成了一个双边竞争市场。本章对这一双边竞争市场进行了博弈分析。通过仿真实验……

第 6 章：建立众包物流中各方参与者的行为机制，研究其对众包物流平台资金链断裂的影响。由于企业因资金链断裂而被合并和退出市场的企业数量逐渐增多，为此，本章……通过仿真实验，发现了……

第 7 章：对全文的工作进行总结，陈述其中的不足并规划后续的研究方向。

【示例 4-13】面板结构 2

本文针对企业组织，从管理者个体行为中的管理者-任务互动、员工群体行为中的员工-任务互动和自我管理团队行为中的成员-任务互动三方面开展研究，本文共分为六章，各章的结构安排及其逻辑关系如图 4-12 所示。

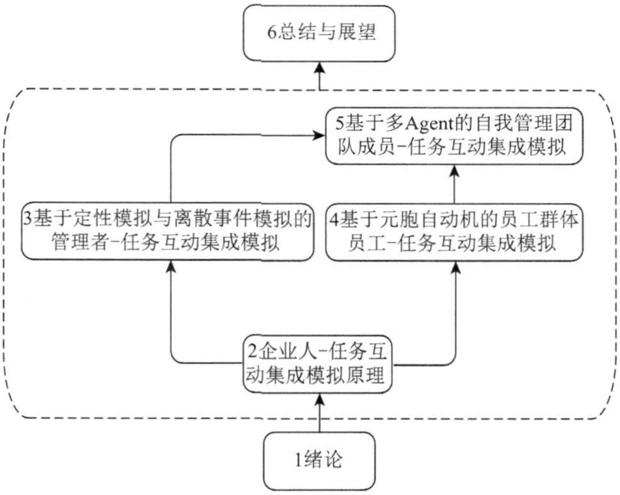

图 4-12　论文结构图

4）学士、硕士、博士学位论文的差别

对于核心章节的版面结构，学士、硕士、博士学位论文三者之间没有差别。

4.2.6　核心章节中每一章的逻辑结构

1. 工商管理专业

1）定性研究：微观

定性研究章节的逻辑结构可以划分为六个部分。每个部分的具体内容及其主要功能介绍如下。

第一部分，引言。在这一部分中主要包含三大内容：①问题的提出；②研究目的与研究意义；③研究内容的简要概括。第一部分引言的论述，主要是介绍研究的背景、所要关注的研究问题及其研究的必要性；同时表明研究目的和研究意义，让读者能够对定性研究有一个整体性把握。值得强调的是，问题提出的方式既可以是基于现实问题，也可以是基于文献空白。如果是前者，研究者需要简明扼要地介绍已有文献对该现实问题的研究现状；如果是后者，研究者需要介绍研究该文献空白有哪些实践价值。

第二部分，文献综述。这一部分主要是针对定性研究中核心概念相关文献进行系统的梳理，从而更好地了解相关领域的起源、发展、最新进展情况等，既肯定了既有研究的理论价值，又指出了既有研究的薄弱环节和有待进一步填补的研究不足，以及定性研究如何解决这些问题，并激发读者的阅读兴趣。

第三部分，研究问题。

第四部分，研究设计与样本。这一部分主要包含研究方法、研究对象、数据收集和数据分析等四大板块的内容。第一板块——研究方法，主要是介绍定性研究所采用的研究方法以及阐述选择的研究方法与定性研究的契合性。第二板块——研究对象，主要是介绍定性研究所选取的研究对象，一般都会先指出研究对象是什么、选取的标准和获取途径，以及研究对象的一些人口统计学特征。同时，一般都会在这一板块的最后附上研究对象的基本信息表。第三板块——数据收集，主要是对定性研究所采用的数据收集方法及其操作步骤进行详细介绍，一般写作时首先会简要介绍数据收集的方法是什么；其次，基本上都会对数据收集方法的要求、为了保持数据收集的真实性或可靠性所采用的策略或注意事项等以及对数据收集过程中的一些基本特征加以陈述；最后，附上数据收集时重要的材料（如访谈提纲）。第四板块——数据分析，主要是阐述在所收集的数据基础上，如何借助定性分析方法对数据进行分析。一般写作时首先会简要介绍定性研究所采用的数据分析方法；然后用所选择的定性研究数据分析方法的具体操作步骤，详细论述该定性研究如何进行数据分析的具体操作内容。

第五部分，分析与结果。该部分主要是针对上文中数据收集和数据分析的结果，根据核心概念及其之间的关系进行详细阐述。最常见的就是对数据分析所得出的编码进行编码分析，即如何从编码结果中抽象出核心概念及其之间的关系以及从整体上构造概念之间的模型。一般都会附上结果分析表（如编码表）。

第六部分，讨论与结论。这一部分主要是对整个定性研究进行总结与讨论。该部分包括研究贡献（理论贡献和实践贡献）、研究局限与未来研究展望。一般是首先介绍定性研究的理论贡献和实践贡献；然后对论文存在的不足之处进行反思，指出未来需要进一步深入探讨的问题。结论这部分用一段话概括并总结整个定性研究的主要结论。示例 4-14 供同学们参考。

【示例 4-14】

1 引言

1）问题的提出

研究背景

研究问题

2）研究目的与研究意义

研究目的

研究意义

3）研究内容的简要概括

研究对象

研究方法

研究结论

2　文献综述

根据研究内容中的核心概念分别进行文献回顾

3　研究问题

提出本文所聚焦的明确的研究问题

4　研究设计与样本

1）研究方法

指出研究所选择的定性研究方法

简要介绍所选择的这一定性研究方法

解释选择这一定性研究方法的原因

论述借助这一研究方法将要解决的研究问题

2）研究对象

指出研究所确定的研究对象是什么

选择研究对象的标准或原则

获取研究对象的途径

研究对象的人口统计学特征的描述，包括年龄、性别、职位、教育背景等（有时候会根据文章中对研究对象的要求而增加一些具有本研究特点的研究对象总体特征）

研究对象基本信息的详细介绍

一般都会附上研究对象的背景信息表

3）数据收集

指出研究所采用的数据收集方法（如访谈法）

简要介绍所选择的这一数据收集方法

结合所采取的数据收集方法的要求、原则或注意事项指出数据收集过程中的关键环节（例如，访谈法会在被访谈者同意情况下录音；为了确保访谈内容的真实性，访谈者做出的应对方式；数据收集过程中的注意事项等）

数据收集过程的基本特征（例如，访谈法在数据收集过程中的平均访谈时间、访谈次数）

附上数据收集时重要的材料（例如，访谈法进行数据收集时会附上访谈提纲）

4）数据分析

指出研究所采用的数据分析方法（如扎根理论分析方法）

简要介绍所选择的这一数据分析方法

数据分析如何操作的详细过程，根据定性研究数据分析方法的步骤分步进行详细论述（如扎根理论分析方法，则详细阐述该定性研究的数据分析结果如何根据开放性编码、选择性编码和理论编码的三级编码过程，进行数据分析的具体操作内容）

5 分析与结果

对上文的数据收集和分析所得到的结果根据核心概念及其之间的关系分别进行详细阐述

每一部分均附上结果分析表（例如，扎根理论中一般会附上每一个核心概念和代表性实例的编码表）

6 讨论与结论

1）研究贡献

理论贡献

实践贡献

2）研究局限与未来研究展望

对全文内容用一段话进行总结陈述

2）定量研究

定量研究章节的逻辑结构跟定性研究基本相似，但两者有一个重要的区别，即定量研究要有明确的研究假设，而定性研究可以没有研究假设，但需要有明确聚焦的研究问题。另外，一般来说，定量研究属于理论验证类研究，所以会依赖于某个或某些理论框架来提出研究假设。定性研究属于理论构建类研究，不需要依赖于某个或某些已有的理论框架，而是通过数据归纳总结出新的理论模型。正像研究方法部分提到的一样，定性和定量研究各有侧重，可以用来回答不同性质的研究问题。

3）混合研究

混合研究是将定性研究与定量研究有机结合在一起的混合方法研究。最常见的混合方法是先由定性研究构建理论模型，再由定量研究验证该理论模型。定性研究和定量研究可以构成独立的章节，也可以在同一个章节之中。假如是在不同的章节，研究者需要保持定性研究和定量研究在引言、文献综述、研究假设/研究问题、研究设计与样本、分析与结果、讨论与结论方面的独立性，但同时两个章节之间又要保持递进的关系，即定量研究是验证定性研究构建的理论模型。如果定性研究构建的理论模型非常宏大，那么定量研究可以只验证其中最核心的逻辑关系。假如定性研究和定量研究是在同一个章节，研究者需要通盘考虑，注意两种研究之间的连贯性。

2. 管理科学与工程专业

1）基本原则

各章数理模型的建模、求解，要结合现实案例，避免毫无现实应用价值，纯粹是数学模型的推导研究。

有的研究中没有现实案例，就要以“示例”“算例”代替现实案例，而这些示例或算例往往来自标杆文献。

最后应该有“讨论”环节，对本篇论文研究方法的适用范围、条件及缺陷等，进行分析。

2）典型逻辑结构

典型逻辑结构有两种，第一种类型如图 4-13 所示。

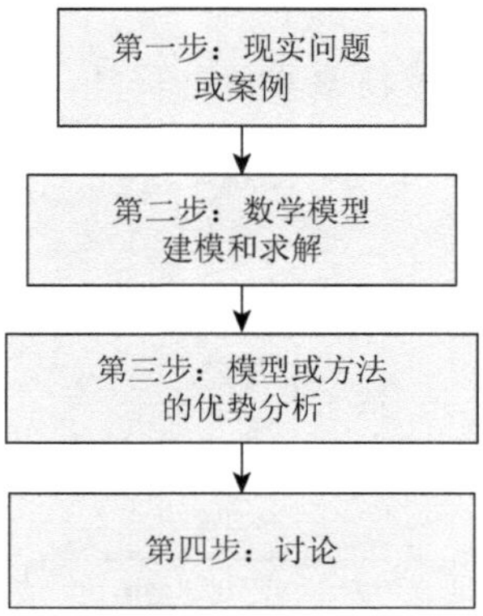

图 4-13　逻辑结构 I

第一步，以现实问题开场，介绍该现实问题或现实现象，分析其中的矛盾，并运用已有研究方法进行简要分析。

第二步，就是通常的数理模型方法的应用，包括数学模型建模和求解，这里根据研究方法的不同包括如下几个方面。

首先，运筹学模型的建模和求解，求解又包括求精确解和用算法求满意解。

其次，博弈论模型的建模和均衡解的求解，以及数值分析。

最后，经济数学模型的建模和求解，以及数值分析。

第三步，分析上述建模或求解方法的优势。这里要与本领域已有方法做比较，在建模上，例如考虑了新的环境或条件的特征，对已有模型做了改进。在求解上，该篇论文设计的算法，与本领域已有算法相比，其求解精度、时间都优于已有算法的性能。

第四步，讨论，是对该篇论文方法的不足或局限性进行分析，即对本文方法的使用范围和条件进行讨论，可以通过敏感性分析的方法进行，也可以通过本领域合适的方法进行。可参考示例 4-15。

【示例 4-15】复杂限容量弧路径问题的智能优化算法研究

3 限容量弧路径优化问题
3.1 问题概述
3.2 问题描述及数学模型
3.3 基于深度强化学习的解决方法
3.4 数值实验
3.5 讨论
3.6 本章小结
4 混合图上需求可拆分的限容量弧路径优化问题
4.1 问题概述
4.2 问题描述及数学模型
4.3 解决方案的结构
4.4 基于森林表示法的邻域搜索算子
4.5 解决方法
4.6 数值实验
4.7 讨论
4.8 本章小结

第二种类型如图 4-14 所示。

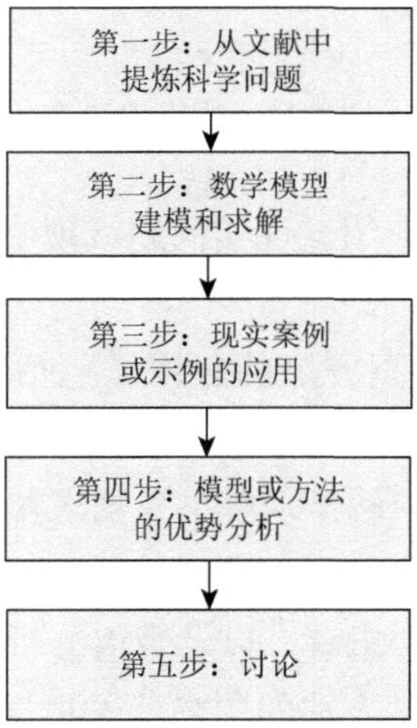

图 4-14 逻辑结构 II

第一步是阅读本领域的学术文献，从中提炼科学问题，包括：①已有的研究得出了哪些结论？②这些结论有哪些不足？③发现这些结论用到的模型是怎样的？④这些模型有什么局限性或缺陷？⑤这些模型的求解方法是怎样的？⑥求解方法的时间和精度方面的效率如何？

这些都是这一步要提炼的问题。根据研究领域的不同，或者提炼第 1 个、第 2 个问题，或者提炼第 3 个、第 4 个问题，或者提炼第 5 个、第 6 个问题，或者所有 6 个问题都要提炼。

第二步所要做的工作内容，与图 4-13 中的第二步一样，但这里是要在已有模型基础上建立新的数理模型，其中多数情况是根据新问题或环境的特征，修正已有的数理模型，这是较常见的情况，很少见的情况是完全不用已有的数理模型，而是自己建立全新的模型。

同理，对于求解方法，多数情况是利用已有的求解方法（如已有的某种算法），调整其中的参数或添加新的部件或与其他某个方法相互集成，形成新的算法，很少见的情况是自己建立一种全新的算法，这种情况在算法不复杂的情况下会出现，比如一个简单的迭代搜索算法。

第三步就是要将上述建模与求解方法，用于一个实际案例，检验上述模型建模与求解方法。但是，往往实际案例的场景比较复杂，环境也复杂，没有现成的现实数据直接用于模型和求解，多数情况是对现实案例进行了抽象，对现实数据进行了处理，这样才能作为模型和求解的输入。

还有一种常见的情况是，没有现实案例，而是用一个或多个示例，示例可以是自己设计出来，但更多的是从文献中直接拿过来，该示例属于本领域大家公认的有标杆意义的示例，此时要做的就是将前面的建模和求解方法用于该示例，将计算结果与标杆做比较，以显示该文方法的创新，算法类的研究常用此类方法。

第四步和第五步，则与图 4-13 的第三步和第四步完全一样。可参考示例 4-16。

【示例 4-16】需求可拆分模式下的路径优化问题的精确算法研究

4 需求可拆分模式下的单一商品取送货车辆路径优化问题
4.1 引言
4.2 数学模型和特性
4.3 基于取送模式的列生成
4.4 分支定价切割算法
4.5 算例测试及结果分析
4.6 本章小结
5　需求可拆分模式和计重收费模式下的多车型外包式车辆调度问题
5.1 引言
5.2 问题描述和模型
5.3 拉格朗日松弛启发式算法
5.4 多次迭代的 Benders 分解
5.5 Benders 分解加速技术
5.6 算法测试及结果分析
5.7 本章小结

3）讨论的写法

鉴于目前较多的学位论文核心章节中缺少“讨论”环节，此处专门介绍“讨论”的撰写原则和方法。

研究结果是基于文中方法得到的，不带主观色彩的客观的东西或其他形式的结果，但是对结果的讨论往往比较主观，因为作者知识水平与知识面直接决定着讨论的深度。本节介绍有需要讨论的方面、讨论顺序的安排以及其他需要注意的地方。

有的论文研究结果应该用独立章节进行讨论，有的论文工作则适合将讨论与分析放置于整个方法和结果的介绍之中。例如，将讨论与结果结合起来的定性研究。

讨论的目的是解释论文的研究成果、理论价值及现实意义，应着重解释矛盾的特定成果、矛盾的多个成果、研究局限与不足的影响，比较论文与现有研究的不同，用现有知识和理论充实研究成果。同时，讨论过程中形成的观点可为论文结论奠定基础。

规范结构论文需要单独一章进行讨论，可以将讨论分为以下六个部分展开：①回顾引言中的研究目的；②明确讨论的具体目的；③指出研究方法与结论的创新点；④解释和分析研究成果；⑤说明研究的局限性与不足；⑥陈述未来研究方向。对于结果的解释分析，可按照结果在文中的顺序或结果之间的逻辑关系安排结果讨论的次序。

自由结构论文可以让讨论紧跟每项结果。对于意义重大或无关紧要的结果，则没有讨论的必要。说明多项结果与讨论后，可以讨论结果之间的联系和整体意义，着重阐述矛盾的特定成果和矛盾的多个成果。无论何种结构，讨论不要使用过去时态和将来时态，而要使用现在时态。例如，哥伦比亚大学地球研究所的学者列出了 10 个学位论文结果的讨论部分应包含的内容。

（1）结果特征，可以是结果的性状、演化趋势等特征。

（2）结果之间的联系与共同点。讨论应指出各结果或论文成果与现有结果之间的关联，包括相似性和差异。不同结果之间是否显示某种规律，这种规律是否概括不同结果的共同特征。

（3）结果特征有共同点的例外。论文结果往往有共同特征，如果有例外，需要单独指出这种例外。

（4）反映这些特征的潜在原因或机制。这是对结果和结果特征的诠释。对于某些结果，可以探索其影响因素，并用证据和逻辑推理来解释，由此可以给出预测方法，预测更多的结果。

（5）前人结果和结论之间的关系，指出论文结果与已有工作的相似与不同之处，检查是否扩展、纠正或者补充了已有结果，是否得到了颠覆性的发现。

（6）对引言中背景问题的回答，指出论文结果在多大程度上回答了论文引言中提出的研究问题。

（7）结果的应用价值。论文结果仅仅是针对论文问题得到的结果，讨论需要说明这些结果对其他问题的解答能力。

（8）结果不足与局限性。讨论论文研究方法、研究方式及研究结果的局限，指出未来还需要开展哪些工作才能弥补这些局限。

（9）结果的理论贡献。如果论文结果丰富了相关理论，应写明所提出的新理论是什么，还可以提及论文研究结果是否引出了新的研究问题。

（10）当前结果的现实意义。说明论文结果和结论有什么更广泛的意义，还可依照论文结果对更宏大的问题提出建议。

方法的合理性讨论一般安排在方法介绍部分。但如果需要讨论结果和方法间的特殊关系，那么可以安排在结果之后的讨论中。经过讨论可以归纳出最重要的结果，因此讨论结尾前应该归纳最重要结果。最后介绍论文主要结论，但并不是简单罗列前文的结果和结论，而是应在更高的层次上归纳结论。

对于那些需要用单独章节讨论的论文，讨论部分对论文非常重要，也最难写。讨论部分本可以让学生从全新的视角发现论文中的亮点，从原有研究中深入挖掘并提供原创思路。然而，部分学生由于粗心，忽略了讨论中探索的契机。以下是讨论部分的常见错误：①简单重复结果部分，很少参考现有研究；②得出无法从结果发现的结论；③没有指出主要结果和次要结果；④过于关注研究的局限性，使读者质疑论文的价值，当然也有些人可能完全忘记指出论文的局限性；⑤重复引言中的内容，没有把引言中的研究问题和结果联系起来；⑥没有给出结论；⑦引入一些研究结果之外的主题，即主题与结果无关。

4）学士、硕士、博士的差别

对于核心章节每一章的写法，考虑到学士毕业论文一般不做理论研究，因此图 4-13 逻辑结构 I 中第三步优势分析、第四步讨论，以及图 4-14 逻辑结构 II 中第四步优势分析、第五步讨论，可以不写。当然，如果是做理论研究，那么这些步骤还是建议要写。

对于硕士学位论文，一般都是偏向做理论研究的，那么这些步骤都需要写。同时，也有偏向于应用型的论文，那么这些步骤可酌情来写。

对于博士学位论文，这些步骤必须按要求写。

4.2.7　模型或方法的局限性分析的写法（管理科学方向）

鉴于管理科学与工程专业的研究范式，学位论文的数理模型大多是建立在一定假设的基础上的，因此需要指出研究在理论上存在的缺陷。下一步的研究应由提出研究的局限性、解释所提的局限性及局限性的改善方案三部分组成，提出研究所没有考虑周到、有待进一步研究的观点或内容并进行改进，同时展望将来的研究方向。

这里列举四个由于研究方法论产生局限性的例子。

1）算法求解效率瓶颈

某些算法在求解模型时，会遇到一个问题，即随着算法迭代次数的增加，问题的规模变得越来越大，使得求解时间越来越长。这也是算法求解效率提升中遇到的瓶颈，很多学位论文存在着这方面的局限性。另外，目前很多模型的求解仍使用的是某些商业软件，如 CPLEX，但它并不适用于求解大规模算例，随着问题规模的增大，采用该软件进行求解会使得效率降低，开发启发式方法来提高求解速度便成了应对这类局限性的解决办法之一。

2）存在难以表达的约束

很多研究存在难以表达的约束，这也是目前研究中比较典型的局限性。比如，调度问题的优化算法研究中，很多时候为了简化研究问题或无法得知某些问题的约束如何正确表达，将现实生活中的某些情况进行了简化，导致模型或方法没有充分考虑实际中的该问题面临的多类约束。如果过度简化，还存在着无法恰当反映实际中的真实情况的问题。

3）样本选择问题

管理科学与工程专业的学位论文研究有时会因为样本选择问题而导致研究有局限性。比如，当使用概率抽样或随机抽样时，所抽样的样本有可能无法代表研究母体，这时研究就会产生选择性偏差的问题。当使用调查问卷获得研究结果时，我们会要求受访者回答问卷上所列出的问题，但如果无法接触到合适的受访者，或者涉及的地理区域不够广泛，那么所选的受访者就不能算是随机样本，进而导致研究存在局限性。

4）统计测量样本数不够充分

当进行研究并且希望获得有效的研究结果时，充足的样本数是非常重要的。样本数越大，研究结果便越精确。但是当样本数不够大的时候，便较难使用有限数据来证明研究内容的显著相关性。通常在进行统计分析时，较大的样本数较能代表母体，因此通过分析所得到的结果，也较能在母体中套用。所以，当统计测量中样本数不充足时，研究会有一定的局限。

除了以上四个例子外，管理科学与工程专业学位论文的模型的局限性部分还存在其他问题，如某类模型本身的缺点、变量取值范围的限制、应用场景变换后模型不适合等问题。

要写好这一部分的内容，除了要深入分析问题外，作者还应在研究基础上提出未来研究的方向，可以从以下两个角度进行分析。

（1）横向扩展，即沿用目前研究思路的分析，表明可以根据此研究做多方面扩展。如果研究只聚焦在某单一或几个策略的有效性上，那么作者可以提出其他拓展平行策略。

（2）纵向扩展，即背景的深入或情境的变化。作者可以写明类似的研究可以在一个新的情境下展开，并提出可能的影响和变化，进一步展开拓展。示例 4-17 可供参考（彭春，2017）。

【示例 4-17】

尽管本研究考虑了应急医疗服务设施选址决策中的各种不确定性，从理论方法、模型创新和实际应用三个方面，提出了新颖的数学模型和有效的求解算法，并结合实际数据，验证了所提出的模型。然而，由于应急医疗服务设施选址过程错综复杂，在建立模型的过程中，做了一系列的假设。因此，本文所提出的这些数学模型，需要进一步在实际过程中进行实践，并不断修正和完善。所以，针对本文中的研究具体问题，还有几个值得进一步研究和挖掘的方向。

（1）为了能够更好地刻画实际情况，在建模的过程中考虑时间相关的急救车辆的运行时间，考虑时间窗口（time window）的车辆路径优化，基于更大样本的历史数据集合，结合核密度估计（kernel density estimation，KDE）、机器学习等方法，建立数据驱动的救护车动态选址-路径优化模型。

（2）由于本文涉及一些相关的理论方法（如两阶段机会包络约束随机规划问题），考虑机会约束两端的参数均不确定的情况，设计更为有效的求解算法（包括精确算法和启发式算法）。

（3）从目前的文献可以看出，随机规划和鲁棒优化方法研究不确定决策问题时，各有优点和不足，然而，建立分布式鲁棒优化设施选址模型，不仅能整合二者的优点，而且能在一定程度上弥补它们的不足。

（4）对于考虑设施中断的两阶段鲁棒选址问题，如何挖掘需求、运输成本和设施中断三者不确定性之间的相互作用关系，这是需要进一步完善和加强的课题。

4.2.8 理论贡献与管理启示的写法

1. 工商管理专业

1）基本要点

理论贡献体现了毕业论文的专业性，而如果没有理论基础和理论贡献的论文则不能被称为是专业的毕业论文。但理论贡献到底是什么，是很难界定的问题。

理论到底是什么？理论可以被粗略地定义为解释多个事件的一组相关表述。Whetten（1989）提出了理论发展的基础构成是 What、Why、Who、Where、When 和 How。这六个基本要素可以大致被分成三个部分：What 和 How 负责理论发展的描述功能；Why 负责理论发展的解释功能；Who、Where 和 When 负责理论发展的边界条件（图 4-15）。

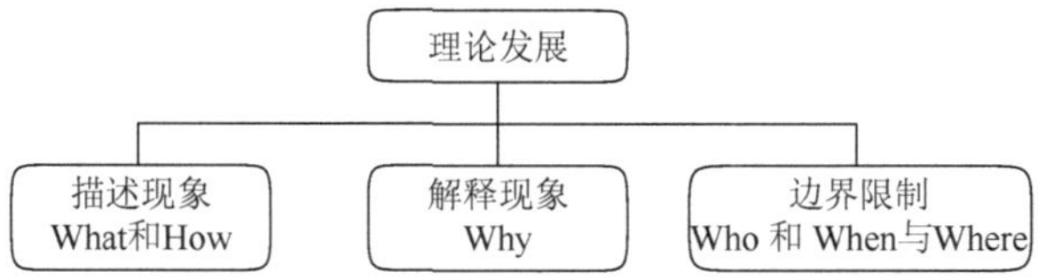

图 4-15 理论发展的构成

描述现象中，What 解释具体研究现象的概念和变量，而 How 为这些概念和变量之间存在怎样的关联提供解释。在描述现象方面，理论发展体现为发现新的概念，以及发现已经有的概念或变量之间的新关联。解释现象部分中的 Why 体现的是各个概念和变量互相影响的内在逻辑和运行机制。在这个方面，理论发展体现为发现关联的变量和概念之间的新机制。边界限制（Who 和 When 与 Where）是现象存在的边界条件和语境。在这个方面，理论发展体现为发现新的边界条件（调节变量）。

2）理论贡献

什么是理论贡献？同学们在撰写学位论文的时候，不可能从零开始创造一个新的理论，相反，理论贡献可能体现为完善已经存在的理论。理论贡献主要体现在以下几个方面。

从描述现象上看，理论贡献可以体现为 What 和 How 层面上的改变。第一种体现是，是否在现有的理论上添加了新的元素，这个元素的加入，能够引入额外的理论价值。第二种体现是，是否原有的理论关系发生了变化，抑或是对已有结论的颠覆。比如，前人认为 *X* 影响 *Y*，而我们发现是 *Y* 影响了 *X*。又比如，前人发现原来概念之间的关系是线性关系，而我们发现的是曲线关系。可参考示例 4-18（周空，2021）。

【示例 4-18】 华中科技大学周空博士论文的理论贡献 1

第一，本研究指出领导自恋是影响团队突破性创造力的重要因素，拓展了组织中突破性创造力的前因研究。……以往的大量研究表明，团队领导的特征会通过影响团队成员的心理与行为来对团队创造力产生重要的影响（Hughes et al.，2018）。例如，Gerstner 等（2013）就发现，CEO 的自恋特质会影响高管团队对于突破性技术的关注并最终促使企业做出采纳突破性技术的决定。自恋的 CEO 拥有极强的注意力寻求动机，而采纳突破性技术可以很好地满足这一动机。因此，本文从领导特质出发，提出领导自恋是一个重要的影响团队突破性创造力的前因，并通过三个实证研究检验了领导自恋对于团队创造力的积极效应与消极效应，弥补了目前学术界对于领导特征影响团队突破性创造力研究的不足。……整体上来讲，本研究的理论构建对促进学术界理解团队突破性创造力的形成因素有着重要的作用。

理论发展也体现为研究找到了潜在的心理、经济或者社会动力机制。具体来说，我们发现了 *X* 与 *Y* 关系之间的中介变量或机制，即将模型粘贴在一起的新的理论黏合剂。以周空的博士论文的理论贡献作为示例。可参考示例 4-19（周空，2021）。

【示例 4-19】 华中科技大学周空博士论文的理论贡献 2

第二，通过对领导自恋影响团队突破性创造力内部形成机制的探讨，本研究丰富了现有组织情境中领导自恋的影响结果研究。

在边界限制上，是否在原有模型上增加了边界条件，即在 Who、When 和 Where 元素上发生了变化。这一理论贡献具体体现为发现了理论和现象的新调节变量。比如，发现概念之间的关系是如何随着时间发生改变的；同样地，理论关系在中西方文化背景之下是否一样。可参考示例 4-20（周空，2021）。

【示例 4-20】 华中科技大学周空博士论文的理论贡献 3

第三，基于特质激活理论（Tett and Burnett，2003），本研究探讨了影响自

> 恋领导有效性的重要情境变量，有益于学术界对于自恋与情境交互的理论构建。本研究发现组织对于创造力的重视程度不仅会弱化领导自恋对团队突破性创造力的负面效应，还会强化领导自恋对于团队创造力的积极效应。……本研究则提出组织的氛围以及团队的结构也会影响领导自恋对于团队成员行为的关系，这不仅丰富了领导自恋有效性的研究，也为特质激活理论的有效性提供了实证支持。最后，本研究对于组织中人与组织匹配的研究也有一定的理论启示（Kristof, 1996），也即自恋的员工通常会与竞争的组织结构有着一定的良性匹配效应。如果组织强调员工的整体统一，无法突出单个员工的贡献与能力，那么这样的组织结构会抑制自恋领导积极效应的发挥。

我们也可以从理论检验和理论构建两方面来阐述理论贡献。Colquit 和 Zapata-Phelan（2007）在理论检验维度上将其由低到高划分了五个等级。

第一等级：研究的假设是基于逻辑猜测提出的。

第二等级：研究假设是基于过去的研究发现提出的。

第三等级：研究假设是基于过往研究中提到的概念性逻辑（而非基于理论的逻辑）提出的。

第四等级：研究假设是基于现有的理论模型和理论图表提出的。

第五等级：研究假设是基于现有的理论提出的。

这五个等级中，前两个等级表示在理论检验方面做出的理论贡献较低，第三等级的理论贡献中等，第四和第五等级理论贡献较高。

理论构建指的是实证研究在多大程度上对已有理论进行阐明或补充，或者引入新的关系或概念作为新理论构建的基础。理论构建维度上同样存在由低到高的五个等级。

第一等级：研究仅仅是简单重复了过往研究的发现。

第二等级：研究探讨的内容虽然以往研究没有探讨过，但却是已有理论中陈述的内容。

第三等级：研究在已有变量间关系中引入了新的重要的中介变量或者调节变量。

第四等级：研究对以前未探索过的变量间关系或过程进行探讨，并将其作为构建全新理论的基础。

第五等级：研究引入全新的构念，或是对已有构念进行重大的概念重建。

这五个等级中，前两个等级表示在理论构建方面做出的理论贡献较低，第三等级的理论贡献中等，第四和第五等级理论贡献较高。

3）管理启示

管理启示要回答的问题是“该研究是否有一定的现实意义”。同学们要强调这个学术研究是否会对实践者和实践领域有一定的启发作用。管理启示的写法：①要紧密结合研究结果和研究发现来讨论管理启示，切勿漫无边际地讨论；②要结合研究的主题和研究的对象，从利益相关者的角度讨论管理启示。例如，对组织内部的利益相关者（员工、管理者）和组织外部的利益相关者（消费者、供应链、社区）分别有何管理启示。学位论文的管理启示一定要紧扣研究背景和意义部分的内容，做到前后呼应。管理启示可以分对象写，对员工、企业、产业和国家产生了怎样的影响；也可以根据研究的主题写，在招聘、企业运营等领域产生了怎样的影响。

下面以华中科技大学张雅博士论文《消费者社群团购三阶段行为意愿的驱动因素研究》提及的管理启示来示例，该管理启示是紧密结合自己研究的主题和研究对象来写的［示例 4-21（张雅，2023）］。

【示例 4-21】 华中科技大学张雅的博士论文的管理启示

本研究为管理者提供了在社群团购环境下如何通过管理特定社群内的个体网络特征和群体互动行为促进顾客形成重购意愿的重要建议。

一方面，社群管理者应考虑加强群成员之间的沟通和联系以促进该社群内成员的网络密度和关系强度，以及发展来自不同背景的成员入群，进而提升群内交流的信息质量。在网络密度方面，群主应该杜绝一言堂，鼓励群成员相互建立广泛的联系。在关系强度方面，应当促进群内成员保持较高水平的活跃度，群成员之间不仅可以交流与交易有关的话题，也可以在一定程度上就其他主题比如小区发展、生活技巧、娱乐八卦等展开讨论，目的是促进群成员对社群的黏性和涉入度，同时不喧宾夺主，干扰关键交易信息的传播。在网络异质性方面，不仅要吸纳不同特征的人员，更重要的是需要鼓励成员基于自己的专长在群内贡献有价值的信息，尤其是与产品和品牌相关的有用知识。

另一方面，研究结果显示，高质量的互动信息可以促进群内成员的价值共创行为。企业应将群内成员视为共同创造价值的平等伙伴，拥有着与卖方互补的技能和资源，然后通过提供产品和品牌相关的信息，以及鼓励高质量的群成员信息互动，来促进群内的价值共创活动。在企业、消费者和其他消费者价值共创的过程中，需要首先关注培育消费者对企业的信任以及消费者对其他群成员的信任，随着时间积累，群内各种沟通和交流都会逐步加深消费者之间的了解以及消费者对品牌的熟悉度，从而建立基于情感和基于能力的信任感。价值共创的目标贯穿交易完成的整个流程，包括顺畅地进行线上下单支付和线下物流交付，这两个环节都是以社群内信息的相关性、丰富性和形式多样性作为前提的。此外，问题解决也是价值共创的重要一环，尤其在消费者无法实际判断产品质量的虚拟社群环境下，如果消费者的疑问、诉求和帮助需求能够有效及时得到企业或者其他群成员的响应和解决，在很大程度上会解决其问题并产生理想的顾客价值，最终促使顾客积极进行社群重购。

2. 管理科学与工程专业

一篇学位论文的理论贡献与管理启示，指的是因为这篇论文的存在，而对现有理论或指导实践做出的启发、促进、改善，它也可能被叫作“研究意义”“研究价值”“研究特点”等。但无论称谓如何，理论贡献与管理启示都是这篇论文价值的集中体现。

理论贡献与管理启示应总结研究对现有理论的启发、促进，以及对指导实践可以做出的改善。这一部分在撰写时必须进一步突出研究主题以及对主题的再反思。若论文的选题偏向于理论方向，应着重撰写理论贡献；若论文的选题偏向于应用方向，应着重撰写实践启示、管理启示。

写作者在这一部分需要对提出的研究问题进行回答，展示研究的主要结论和蕴含的管理启示。通常需要挑选 3～5 个重要研究成果，进行深入分析、解读和升华。针对管理科学与工程学位论文的写作，可以从以下两个角度进行理论贡献与管理启示说明。①从文献角度：通过与现有研究的对比来展示该研究在管理结果上的创新之处，强化研究的理论贡献。②从实践角度：从决策执行者的角度出发，提出切实可行的指导性建议和意见，进一步强化管理科学论文的实践价值。

常用的理论贡献与管理启示的讨论角度有如下几个。

（1）和前人得到了一致的结论，但又有新的补充。论文通过理论分析，得到的结果不仅验证了前人的答案，检验了传统结论的鲁棒性，还从新的角度对此领域的理论进行了补充。除了常规的展示该研究得到了与其他文献一致的结论外，还应重点分析新因素的特征及其引入对原有问题带来的革新。这里要注意的是，并非只有正面影响可以给我们带来新的启示，负面效果同样可以为管理问题的解决提供参考，还可以关注是否有新的措施可以缓解这一负面效应。除了这种理论模型上的结果展示外，更要站在决策者的角度，提出新时代背景下，决策者可以采取的应对策略和可行的改善措施。

（2）和前人得到的结论不同，甚至得出了反常结论。通过创新性的考虑了某个因素，引入了某种策略或者研究了一个全新的市场模式，和前人的文献相比，该篇论文得到了一些不同结论。结论的不同可能有两种情况。

首先，和原有文献的结论完全不同，颠覆了传统文献对该研究问题的认知。例如，传统文献认为，决策过程存在双重边际化效应，供应链中的集中式决策模式要优于分散式的决策模式，但通过引入新的因素，研究发现分散式的决策比集中式的决策效果要好。

其次，和原有文献的结论部分不一致。研究中发现传统文献得出的结论具有局限性，它们只会在有限条件下存在，在不满足这些条件的时候，发现了与之相反的结果。例如，通过研究发现，引入新因素后，集中式决策比分散式决策效果要好这一传统的观点在特定条件下才成立。此外，分散式决策可能都比集中式的效果要好。在与传统文献对比展示客观结果差异后，作者还需要进行进一步的分析来说明产生该差异的原因，找出出现该结果的潜在驱动因素，强化研究的管理理论；还要结合新场景、因素和策略，在模型结果的基础上，提炼可以帮助决策者的管理启示和建议。

（3）与一般认知不同，得出了反直觉的结论。这一类结论通常是在新的研究背景下或者引入了新的因素后，人们会自然地对结果有一个直觉的预判和认知，但通过研究之后发现结果和该直觉之间存在很大的不同，颠覆了人们对此类问题的直觉认知。例如，在一个竞争市场中，供应商面临选择低成本的海外采购策略或是高成本的本土采购策略的问题。直观来看，海外采购的唯一优势是其成本较低，所以当其成本优势不存在时，供应商应该会选择本土采购。但研究发现，由于竞争者的存在，供应商依然选择失去成本优势的海外采购。虽然这种反直觉的结论在一定程度上反映了研究的贡献和价值，但研究的目的不是为了反直觉而来。更重要的是，通过分析该类看似反常的结果，找出潜在的驱动因素来解释其结果。从已知研究因素出发，用通俗易懂的语言解释反常现象的内在机理，使得该结论看似反常，但又合乎逻辑。除了理论方面的解释，最重要的是结合实践，运用现实中的例子佐证这一结论，证明其现实合理性，并提出具体的管理建议。

理论贡献与管理启示重在剖析已有研究成果，一方面要通过对现有文献、人们的直观认知的对比，展示论文的验证性或新颖性结论，从而强调论文的创新之处；另一方面，重在关注这些结果带来的管理学启示和影响。按照人们通常认知的逻辑将复杂模型结果简单化，用通俗的语言娓娓道来，解读其背后可以指导生产实践的管理学启示和建议。

从形式上，不同类型的学位论文可以采用不同的呈现方式。主要方式是两段式，即先用一段话叙述主要结论，再用一段话提炼管理启示；也有学者会根据选取展示的三到五条结论，逐条分段解释结论内容、发生原因和背后的管理学启示。可参考示例 4-22 的写法（韩晓宇，2023）。

【示例 4-22】

本文研究在拓展管理层团队经验和企业风险承担相关研究内容，揭示管理层团队经验对企业风险承担能力的影响机制，提升企业风险承担能力，增加社会经济价值等方面具有如下理论意义和现实意义。[总起句]

（1）本文拓展了管理层团队经验对企业风险承担能力影响的研究。首先，本文研究……从管理层团队经验视角增进了关于……的研究讨论；其次，本文研究结合……系统考察了管理层团队经验对企业风险承担能力的影响，提供了新的研究视角。[理论贡献与管理启示 1]

（2）本文构建了……分析框架。首先，本文研究结合……提出了……分析框架，揭示了管理层团队经验如何影响企业风险承担能力；其次，本文研究结合……分析了……的作用，探讨了……进一步完善了分析框架。[理论贡献与管理启示 2]

（3）本文研究有助于指导企业加强管理团队建设、提高风险承担能力。本文的研究结论能够在……等方面给予一定的政策建议，在保障企业行稳致远，促进社会经济增长等方面具有一定的现实指导意义。[理论贡献与管理启示 3]

除了示例 4-22 的写作形式外，还可以将理论贡献与管理启示分开撰写，分别进行阐述。

理论贡献具体可以表现为：发现或提出了新理论，充实、丰富或完善了原有理论；证实或证伪了某个理论假设；对某个有争议的理论提供了新的支持或反对证据；对某个现有理论提供了新的依据。

管理启示具体可以表现为：有助于管理过程运行更顺畅；有助于克服管理过程中遇到的某些困难；有助于解决某个实际管理问题；有助于改进某个管理工具。可参考示例 4-23（周空，2021）。

【示例 4-23】

本研究预期对……的研究有如下四点理论意义。

第一，本研究通过……拓展了……的研究。本文从……出发，提出……弥补了目前学术界对于……研究的不足。本研究的理论构建对促进……的形成因素有着重要的作用。

第二，本研究丰富了……研究。……的研究还十分缺乏。本研究结合……，构建并检验了……，丰富了有关……的研究。

第三，聚焦于……，本研究结合相关理论揭示了……，在一定程度上丰富了……的研究。

第四，基于……，本研究探讨了……，有益于学术界对于……的理论构建。本研究结合以往的这些研究发现……，这不仅丰富了……的研究，还为……的应用提供了实证支持。

[共四点理论贡献]

本研究通过探讨……预期对企业的管理实践产生以下四点实践意义。

第一，……对于提升团队以及组织的有效性有着非常重要的影响。本研究提出……，这启示组织中的管理者可以根据本研究的结论来……，这对于……有着非常重要的指导意义。

第二，……因此研究……将会对组织的管理实践有着十分重要的意义。

第三，……有着积极的影响，这启示企业管理者应该……在当前疫情防控的条件下……

第四，本研究对于企业的……也有着一定的指导意义。以往的研究表明……本研究提出……因此，企业可以……，这样有益于团队……

[共四点管理启示]

只有非常明确论文的贡献，才能在论文的开头、结尾以及各个部分突出这些贡献，才能最好地凸显论文的价值，才知道什么该详写什么该略写，才知道怎样布局全文结构能最好达到这篇论文的写作目的。一篇文章要是想做出贡献，那就意味着它不是自说自话，而是建立在现有理论或实践的基础之上被创造出来的。换句话说，理论贡献与管理启示的描述必须通过“比较”而得来，比较的基础就是现有的文献和实践。也就是说，如果能明确地说出论文做出了什么贡献，就说明作者对现有的理论、文献、实践情况至少大体有所了解，并且思考了哪些环节存在改进空间。如果清楚了论文的理论贡献与管理启示是什么，从论文摘要开始到文献综述、结构分析，整个行文就会脉络清晰，而且不需要反复修改。

另外，一篇好的学位论文不仅能有效、清晰地表达自己研究的贡献，而且会做到多次重复、前后一致、全文贯通。可参考示例 4-24（汪忠瑞，2021）。

【示例 4-24】

> 优秀博士学位论文《总量管制与排放交易政策规定下的低碳供应链碳减排策略研究》中，将研究意义分为理论意义和现实意义。
>
> 本研究的理论意义分为两个部分。第一部分，研究……，同时讨论……，进一步在碳排放管制规定下，基于……，分析……，并讨论……这些都为低碳供应链管理与碳减排政策研究提供了较好的理论借鉴意义。[理论贡献]
>
> 第二部分，通过……，研究……详细地阐述了……，并分析……，通过设计……，同时分析……，使得……这些都为闭环供应链管理提供了有力的理论依据。[管理启示]

另外，遵循“一篇好的学位论文不仅能有效、清晰地表达自己研究的贡献，而且会做到多次重复、前后一致、全文贯通”的原则，该学位论文在每一章的小结中均对其管理启示进行了详细阐述。

例如，某论文第 3 章《基于双向成本互担的低碳供应链碳减排决策研究》的小结中写到如下内容。

> 通过本章的研究，可以得出如下的管理启示：对于低碳供应链企业而言，零售商会主动分担制造商的碳减排成本，而制造商仅在分担比例较小的情况下会考虑分担零售商的低碳促销成本。当双方的成本互担比例均较小时，制造商与零售商应集中进行决策，反之则应选择最大化自身利润。对于政府管理者而言，考虑到政策层面与低碳供应链的经济绩效，在碳减排的早期阶段，碳交易市场可以增加碳交易价格以促进供应链减少碳排放；在中后期阶段，随着产品碳减排水平的增加，市场可以适当地降低这个价格。因此，政府可以通过调节碳交易价格来促使低碳供应链减少碳排放，但不能忽视其对供应链产品生产与利润的影响。

第 4 章《基于总量管制与排放交易的低碳供应链碳减排决策研究》的小结中写到如下内容。

> 通过本章的研究，可以得出如下的管理启示：对于低碳供应链企业而言，供应链优先选择独占消费者市场；在实际情况不允许的情形下，当且仅当竞争

情形下两条低碳供应链的碳配额剩余高于碳配额不足时，供应链间的制造商会考虑进行碳配额合作，而零售商仍会选择竞争的模式。对于初始碳配额分配机制的选择，零售商倾向选择基准制分配机制，而制造商则会根据不同分配机制下初始碳配额间的实际关系来做出选择。对于政府管理者而言，政府会选择基准制分配机制以促进供应链的碳减排与产品生产，进一步可以合理设置初始碳配额的值，同时碳交易市场合理设置碳交易价格的值，共同实现环境效益与经济效益的双赢。

第 5 章《低碳环境下闭环供应链碳减排决策研究》的小结中写到如下内容。

通过本章的研究，可以得出如下的管理启示：对于低碳供应链企业而言，闭环供应链的结构有利于供应链减少碳排放。在产品回收率固定的情况下，零售商优先选择其他供应链成员回收使用到期的产品，而制造商会选择自行回收使用到期的产品。在产品回收率未固定的情况下，考虑到单位再制造成本节约与回收收益的实际情况，供应链会选择合适的回收商回收使用到期的产品。对于政府管理者而言，政府应该调控碳交易价格以激励供应链减少更多的碳排放和回收更多的使用到期产品。

4.2.9　创新点的写法

1）工商管理专业

创新点不是想出来、创造出来的，而是借鉴了不同的文献，在分析现有研究不足的基础上，总结出来的。几乎大部分研究都是在前人研究的基础上进行改进，这些改进就是创新。那么，应如何找寻研究创新点？创新点要紧紧围绕学位论文在解决研究问题上的创新之处，一般可以从研究理论视角、研究方法和研究成果等方面展开阐述。

研究理论视角的创新就是我们常说的理论创新。对于论文关注的研究问题，研究者采用了什么独特的理论视角？与已有的理论视角有何差异？该理论视角有哪些优势？为什么特别适合研究本文关注的问题？它能够帮助研究者回答哪些已有研究回答不了的问题？对这些问题的回答可以凸显研究视角的独特性和创新性。例如，将一个理论尝试运用在新的行业或者领域去探究它的可操作性及实践性。可参考示例 4-25（周空，2021）。

【示例 4-25】　华中科技大学周空博士论文的理论贡献

本研究结合社会信息加工路径（Salancik and Pfeffer，1978）、社会学习理论（Bandura，1977）以及自恋领域的相关研究结论解释了领导自恋对于团队突破性创造力的矛盾影响机制。以往针对领导自恋的影响结果研究大多采用单一的视角，本研究结合自恋的特征，综合性地探讨了领导自恋通过其对下属的信息封闭行为以及领导自身的新颖信息寻求行为对于团队互动与行为的影响，并创造性地提出，领导自恋会通过团队的互动与行为对团队突破性创造力同时施加积极与消极的影响。

基于特质激活理论（Tett and Burnett，2003），化解领导自恋影响团队突破性创造力的矛盾效应。本研究通过引入特质激活理论，创造性地解决了自恋不同自我调节所带来的矛盾效应，指出组织对于创造力的重视以及团队之间的竞争强度是调节自恋领导间接影响团队突破性创造力之间的关键因素。这为领导自恋有效的研究以及团队创造力的前因研究都提供了新的思路。

研究方法的特色也是创新点之一。对比已有的文献，我们使用了哪些有特色的研究方法或统计分析技术？这些方法和技术如何帮助研究者解决科学问题？能够揭示哪些传统研究方法和技术无法揭示的规律？例如，使用一种新算法或者新决策模型；针对一个老问题，采用了新研究方法。可参考示例 4-26（陈凡，2021）。

【示例 4-26】 华中科技大学陈凡博士论文的研究方法创新

量化分析了捐赠者偏好与非营利组织筹资效率之间的交互关系，提供了不确定性环境下的组织筹资决策路径。……不同于以往研究中对影响因素作用的静态分析，本文引入捐赠不确定性和非营利组织与捐赠者博弈的动态性视角，分析非营利组织在有限资源环境下的筹资策略选择问题，丰富了非营利组织筹资决策相关研究。

研究成果的突破之处主要体现为对比前人的研究，本论文取得了哪些突破性的研究结果？建立了哪些重要变量的理论关系？解决了哪些理论间的矛盾？填补了现有文献的哪些研究空白？比如，华中科技大学张雅的博士论文的研究成果突破之处在于“实证讨论了社群的跨渠道整合质量对顾客在特定社群中形成忠诚的影响机制”。

值得注意的是，在创新点上，学士、硕士和博士学位论文有不同的要求（表 4-1）。

表 4-1 不同层次学位论文的创新点要求

学位论文	创新点
博士论文	博士论文的创新点体现为具有高的研究深度。博士论文需要对具体研究领域有非常深入的理解和探讨，这需要同学们在某个研究领域有长时间的积累和沉淀，对具体领域相关文献的大量阅读和准确理解，然后在新的研究领域发掘出不同的创新点
硕士论文	硕士论文的创新点体现在研究价值上，而不是研究深度。硕士生要对具体领域有一定的了解，所做的研究工作要在前人工作的基础上，具有一定的理论和实践意义
学士论文	学士论文的创新点体现为逻辑合理，而对理论和实践意义的要求不高。只要本科生能够使用准确的研究方法来开展一个前人没有做过的研究，且论证过程合理和符合逻辑，资料全面，就是一篇合格的学士论文

2）管理科学与工程专业

学位论文应强调创新性，创新点可以从三个维度去把握。一是时间维度。随着时间的推移，一个老问题或研究对象的内涵发生了变化，出现了一些过去所不曾有的特征、特点，需要重新进行研究。二是空间维度。一个被研究过的问题和应用方法可以在不同空间维度进行重新讨论。三是知识维度。新的管理知识、工具、视角不断涌现，已经被研究的问题可以用更新的知识进行创新性研究。

其中，在知识维度下，论文的创新点还可以从以下四个方面进行讨论。

（1）材料的创新。材料的创新就是指论文是以新的或未发现、未被利用的材料为主要依据，并在材料分析的基础上做出了较有深度的理论归纳。材料是服务于论文写作目的而收集、整理出来的事实、理论或数据等信息。材料相当于论文的血肉，没有客观、典型的材料的支持，论文的科学性、真实性、学术性也就无法体现。论文的观点也往往是在大量、广泛收集材料并做出全面、系统分析的基础上提出的。因此，新材料的出现常常会改变论文观点的倾向和评价尺度。

（2）观点的创新。论文中，写作者需要提出新颖的、独到的观点，或在客观分析的基础上对既有观点提出不同的见解。

（3）方法的创新。方法的创新主要体现为写作者能够从一个新的、独特的角度去研究某种现象或问题，从而得出一个全新的、独到的结论。方法是研究问题的视角、途径或媒介，从某种程度上说，方法也是一种思维方式。不同的理论研究方法可以带来认识某事物的不同研究角度，可以丰富目前研究对某一事物的认识。因此，方法的创新也会带来观点上的创新。

（4）体系的创新。体系的创新指的是论文的内容构建起了一个新的理论体系或逻辑体系。独立的理论体系以独立的研究问题、逻辑概念、逻辑起点、逻辑框架为标志，可以体现作者对于一个研究问题或研究领域的比较成熟的研究方法和成果。可参考示例 4-27（韩晓宇，2023）。

【示例 4-27】

在……的基础上，本文综合运用……等相关理论，采用……的研究方法，对研究主题进行了系统研究。通过研究，与现有相关研究成果相比，具有如下创新之处。

（1）本文研究提出了管理层团队经验对企业风险承担能力影响的新研究视角。……为补充相关研究内容，本文以我国上市公司为研究对象，以管理层团队成员过往工作经历作为管理层团队经验来源，结合高层梯队理论和经验学习理论等理论，考察了管理层团队经验对企业风险承担能力的影响，构建了管理层团队经验对企业风险承担能力影响的分析框架，为后续研究提供了研究方向和基础。

（2）结合……本文提出……从企业风险来源和风险管理角度，整合决策理论和资源基础理论，本文提出决策水平和资源获取两条传导路径，提供了管理层团队运用自身经验进行风险识别、风险管理和风险应对来影响企业风险承担能力的分析思路，创新了管理层团队经验对企业风险承担能力影响传导机制的研究，为后续深入考察管理层团队经验影响企业风险的内在机制提供了理论基础。

（3）结合……本文讨论了……弥补了从单一理论视角分析的不足。现有文献……而基于高层梯队理论视角考察企业风险影响因素的研究中，集中讨论了……本文研究在考察管理层团队经验对企业风险承担能力影响的基础上，结合激励机制、管理自主权和产权性质等因素，讨论了管理层团队经验对企业风险承担能力影响的作用边界及条件，进一步完善了研究分析框架，为后续研究提供了理论支撑。

此外，本文在……的基础上，为加强企业管理层团队建设，提升企业风险承担能力提出了对策建议。

4.2.10 总结与展望

总结与展望部分着重总结论文的创新点或新见解及研究展望或建议，作为学位论文正文的组成部分，应单独排写，不加章标题序号，不标注引用文献。结论内容一般在2000字以内。

作为学位论文正文最后一个部分，总结与展望不是对论文的主题背景与内容的简单重复，而是站在全文角度对研究内容和贡献的提炼概括和深入总结。一方面，可以简单回顾全文的主要目的、内容与结论；另一方面，可以解读研究结论，为管理者总结出可以指导实践的管理学建议与启示。此外，写作者还可以结合论文的研究局限讨论该类研究的未来扩展方向。

总结是对论文主要研究结果、论点的提炼与概括，应准确、简明、完整、有条理，使读者阅读后就能全面了解论文的意义、目的和工作内容。主要阐述作者的创造性工作及所取得的研究成果在本学术领域中的地位、作用和意义。该部分应是对论文主题内容结果的提炼与升华，从选题背景和研究内容的角度强调此研究的选题价值和研究意义。总结要严格区分自己取得的成果与导师及他人的科研工作成果。在评价研究工作成果时，要实事求是，除非有足够的证据表明研究是“首次”的、“领先”的、“填补空白”的，否则应避免使用这些或类似词语。

展望或建议，是在总结研究工作和现有结论的基础上，对该领域今后的发展方向及重要研究内容进行预测，同时对所获研究结果的应用前景和社会影响加以评价，从而对今后的研究有所启发。

总结与展望应是作者在学位论文研究过程中所取得的创新性成果的概要总结，不能与摘要混为一谈。学位论文结论应包括论文的主要结果、创新点、展望三部分，在结论中应概括论文的核心观点，明确、客观地指出本研究内容的创新性成果（含新见解、新观点、方法创新、技术创新、理论创新），并指出今后进一步在本研究方向进行研究工作的展望与设想。对所取得的创新性成果应注意从定性和定量两方面给出科学、准确的评价，分条列出，宜用“提出了”“建立了”等词叙述。此外，总结与展望的撰写还应符合以下基本要求。

（1）总结与展望具有相对的独立性。总结与展望不应是对论文中各章小结的简单重复，要与引言相呼应，以自身的条理性、明确性、客观性反映论文价值。对论文创新内容的概括、评价要适当。

（2）总结与展望的措辞要准确、严谨。总结与展望的措辞不能模棱两可，避免使用“大概”“或许”“可能是”等词语。总结中不应有解释性词语，而应直接给出结果。总结中一般不使用量的符号，而宜用量的名称。

（3）总结应指出论文研究工作的局限性或遗留问题。比如，条件所限，或存在例外情况，或本论文尚难以解释或解决的问题。

（4）常识性的结果或重复他人的结果不应作为结论。本部分内容首先应从研究背景和动机出发，叙述研究对象的主要特征，然后通过构建的理论模型将研究对象及主要因素串联，最后利用研究方法概括出研究的主要结论。该部分的写作过程中，要做到简明扼要、表达客观，并注意与绪论和主题内容的呼应。可参考示例 4-28（陈程，2021）。

【示例 4-28】

本文在预判发货背景下，对需求不确定下的预判发货量及产品定价问题进行了研究，并获得了一些重要结论。[引出下文的总结]

1）基于数据驱动的多周期多目标预判发货量决策

本文提出了一个……。首先提出……基于……利用……进行预测。然后基于……引入……以……进行了研究。最后，利用……分析了不同目标之间的权衡。数值实验结果表明，……

2）考虑预判发货复购价值的预判发货量及产品定价决策

预判发货能使顾客提前收到产品，增加顾客让渡价值，从而提升顾客复购意向。本文对……进行了分析，并……以“双十一”购物节为背景，本文构建了……在随机需求下，对于加法需求和乘法需求，本文探究了……本研究还进一步考虑了……此外，本研究还分析了……经过理论证明和数值实验，结果表明……

3）需求依赖于价格和发货下的预判发货量及产品定价决策

预判发货有助于增加顾客复购从而影响顾客需求。本文进一步考虑……进行进一步研究。此外，本研究考虑了……本文证明了……并比较了……数值实验进一步验证了理论结论并对一些重要参数进行了敏感性分析。结果表明……此外，值得注意的是，……这一结论与该节的第二点的结论是相反的。原因可能是，……因此，……这一结论启示我们，……

4）预测需求和随机需求下最优预判发货量决策对比分析

本文从……两种角度对……进行了研究。通过对比……我们发现，……这说明……然而，值得注意的是，……因此，……

本文在预判发货背景下对……进行了研究，主要包括……在这些问题上，本文获得了一些重要的结论。尽管如此，在预判发货相关问题上还存在以下一些方面有待进一步研究和完善：[引出下文的展望]

（1）本研究将处置成本以一个参数表示，事实上，……研究在线零售商的处置方式的选择将是一项有意义的工作。

（2）本研究第三章基于……预测产品的销量，然而，结合多源数据，如在线评论数据和社交媒体数据等，或使用新的预测算法，如深度学习和强化学习算法等，可能会进一步提高销量预测的准确性，从而更好的实现预判发货。

（3）本研究的第三章假设……然而，……研究……问题，这将是一个有趣且具有挑战性的研究，这可能要求研究者对顾客的需求进行更精准的画像，此外，……也是需要进一步考虑的方向。

（4）本研究的第四章和第五章均考虑的是……即……问题，在随机需求下多周期内如何动态的决定预判发货量及产品定价将是一个有价值的研究。

（5）本研究对……进行了分析，未来可通过实证研究进一步探索……

（6）本研究第四章基于……对……进行了分析，并给出了……如今全球气候变暖，极端天气时有发生，环境保护问题不容忽视。未来可进一步以……为目标对……进行进一步研究。

4.3 结尾部分

结尾部分的组成如下。

1）致谢

2）参考文献

几种国际标准的写法介绍如下。

硕博士论文为英文占 2/3；学士论文为英文占 1/3。

书籍占 10%以内。

博士论文占 10%以内。

3）附录

附录是对正文内容（文献综述、研究方法和统计分析）的补充。

附录中的信息也很重要，之所以放在后面，是因为如果放在正文部分会影响整体阅读的流畅性。例如，吴同学在文献综述部分对某个量表的信度进行了考察。他总共查找了 38 篇文章，发现信度的范围为 0.65～0.94。因为文章数目比较多，所以不适合将每篇文章的具体信息放在正文之中。吴同学可以选择在附录中的表格中呈现这些文章的概况，方便论文的读者或评审专家对每篇文章的来源、作者和信度等信息进行进一步的了解。

研究者也经常使用附录来补充研究方法部分的内容。例如，以下信息都可以放在附录之中：访谈法中的访谈提纲、被访谈人员的背景信息、重要的访谈内容、编码信息等；

实验法中的实验材料；问卷法中问卷题目；二手数据研究中指标词集等。

统计分析部分的内容也常常需要附录来补充，如事后检验或稳健性检验。

4）攻读学位期间参加的科研项目

该部分按规范的格式列出作者在攻读学位期间参加的科研项目。

5）攻读学位期间发表和撰写的论文

该部分按规范的格式列出作者在攻读学位期间发表在学术期刊上的论文。

第 5 章　学位论文写作规范

5.1　总 体 要 求

5.1.1　内容、字数、目录与总体格式要求

1）学位论文内容

一般包括中英文题目、中英文摘要、目录、图目录、表目录、正文、致谢、参考文献、附录。

博硕士学位论文正文部分的主体研究内容不得少于 3 章，加上绪论、总结与展望，累计不得少于 5 章。

2）字数要求

博士学位论文正文部分的字数一般 8 万字～10 万字；硕士学位论文的字数一般不少于 3 万字；学士学位论文的字数一般不少于 1.5 万字。

3）目录要求

目录中应包含中英文摘要、图目录、表目录、章节二级目录，不要把“目录”本身编进去。图目录、表目录分别列出论文中的插图和插表。

（1）摘要与正文分别编页码。

（2）中文摘要、Abstract 的页码用罗马数字 Ⅰ，Ⅱ，Ⅲ…表示。

（3）图目录、表目录的页码接中文摘要、Abstract 的页码。

（4）正文从绪论开始重新编页码，用阿拉伯数字表示。

（5）目录只给出两级，即只包含章和节的目录（一级标题和二级标题目录）。

（6）排版格式：见博士、硕士学位论文模板。

4）总体格式要求

采用正规的汉字书写，不得使用繁体字等不规范的汉字。一般中文字体使用“宋体”，英文和数字字体使用“Times New Roman”。除非特殊情况，文中内容一般要用中文表述。如果在论文中引用参考文献中的一些图表，则需要翻译成中文。论文总体格式要求见表 5-1，更详细的论文版面要求参考博士/硕士学位论文模板。

表 5-1　各部分内容的格式要求

内容	格式要求
纸型	A4 纸，单面打印，左侧装订
页边距	上 4.5cm，下 2.8cm，左 2.8cm，右 2.8cm

续表

内容	格式要求
页眉	顶端距离 1.5cm，华文楷体，字号 16.5
页脚	底端距离 1.7cm
页码	正文部分从 1 开始编制页码，中英文摘要和目录部分页码顺序为 I，II，III，IV，V，VI 等
中文标题	中文宋体，英文和数字 Times New Roman，加粗，一号，居中，1.2 倍行距，段前 0 行，段后 0 行；不超过 25 个汉字
中文学位申请人信息	中文宋体，英文和数字 Times New Roman，加粗，小三，1.5 倍行距，段前 0 行，段后 0 行
英文标题	Times New Roman，加粗，小二，居中，1.5 倍行距，段前 0 行，段后 0 行；实词的首字母大写；不超过 150 个字母
英文学位申请人信息	Times New Roman，加粗，小三，1.5 倍行距，段前 0.25 行，段后 0 行；申请人和导师的姓在前且姓全部大写
中文摘要标题	黑体，加粗，三号，居中，1.5 倍行距，段前 15.5 磅，段后 14 磅；“摘要”两字中间空两格
中文摘要正文	中文宋体，英文和数字 Times New Roman，小四，1.5 倍行距，段前 0 行，段后 0 行；首行左空两格，两端对齐
中文关键词	在摘要正文后空一行后另起一行，关键词 3～8 个；“关键词”三字顶格，后面为冒号隔开，黑体，加粗，小四；各关键词用宋体，小四，用分号隔开，最后一个关键词后面无标点符号
英文摘要标题	“Abstract”用 Times New Roman 字体，加粗，三号，居中，1.5 倍行距，段前 15.5 磅，段后 14 磅
英文摘要正文	Times New Roman，小四，1.5 倍行距，段前 0 行，段后 0 行；首行缩进两个字符
英文关键词	“Key words”用 Times New Roman，加粗，小四，左顶格，与关键词之间用冒号分开；关键词用 Times New Roman，小四，用逗号隔开，首字母大写；最后一个关键词后面无标点
目录（含图表目录）	一级标题中文黑体加粗，二级标题中文宋体，英文和数字 Times New Roman，四号，段前 0 行，段后 0 行，行距 25 磅；只需列出一级和二级标题
正文	中文宋体，英文和数字 Times New Roman，小四，1.5 倍行距，段前 0 行，段后 0 行；首行左空两格，两端对齐
参考文献列表	中文宋体，英文和数字 Times New Roman，小四，1.5 倍行距，段前 0 行，段后 0 行；将序号置于方括号内，序号与参考文献内容空一格；所有符号均用半角编排，末尾用点号

5.1.2 标题要求

1）标题的作用

学位论文中的标题包括论文题目，章、节、子节标题和条目标题。章、节标题主要用于划分论文结构，所以一般从章节标题就可以看出论文结构是否合理。子节和条目等更低一级的标题主要用于导读，合理划分子节和条目，能让读者清楚地知道作者是从哪几个方面论述相关主题的。

2）论文题目的要求

学位论文题目是以最恰当、最简明的词语反映论文中最重要的特定内容的逻辑组合。题名既要准确地描述内容，又要尽可能地精练，中文标题一般不宜超过 25 个字，英文题目一般不超过 150 个字母。题名一般避免使用不常见的缩略词、字符、代号和公式等。

若实属必要，需要摘要中给出中英文全称与缩写。

3）各级标题的命名要求

（1）标题应该是短语，而不是句子。每一级标题应该反映相应标题下的主要内容，否则就属于文不对题。

（2）标题中一般不使用缩写语或数学符号。

（3）每个标题的名不能相同。常犯的错误有：章的标题与论文的题目一样，节的标题与章的标题一样，子节标题与节标题一样，甚至出现节的标题与论文的题目一样。

（4）除“、”以外，标题中一般不允许出现其他的标点符号，因为标题不是句子，而是短语。常见的错误是：标题中出现逗号“，”、冒号“：”等。

4）标题的编号要求

（1）所有的标题编号都采用阿拉伯数字编号。

（2）章、节、子节、目采用多级编号方法，其编号如下。

1 章标题名

1.1 节标题名

1.1.1 子节标题名

1）目标题名

（1）子目标题名

其中，第三层级（1.1.1）和第四层级（单括号带数字）可以依据具体情况而定，如果第三层级内容较多，如超过 1 页，可以用 1.1.1 来区分层级；如果第三层级内容较少，就是正文中的分类阐述，则无需细分到第三层级标题，直接用 1)、2）……来分类阐述即可。

（3）不要在子节以下的标题中使用以下编号体系：①不要使用数字加点，如 1.，2.，3.等，这样就和“章”的编号冲突。②不要使用汉字编号，如一、二、三等。③不要使用汉字加括号，如（一)、(二)、(三）等。④不要使用英文字母，如 A、B、a、b、c 等。⑤不要使用 Word 中项目符号，如●、○等。⑥在带括号的编号后面，不要使用“.”和“、”。

（4）在正文的段落中需要分层次进行论述时，建议使用两种编号体系：第一种是使用①、②、③等，数字编号后面不要用标题符号；第二种是使用“第一”“第二”“第三”等。

5）标题的排版格式要求

各层级标题的排版格式要求如表 5-2 所示。

表 5-2 标题层级结构和结构要求

层级的数字标识	标题层级	格式要求
1 （数字后面无标点符号）	一级 （章标题）	黑体，加粗，三号，居中，1.5 倍行距，段前为 15.5 磅，段后 14 磅；末尾无标点符号
1.1 （数字后面无标点符号）	二级 （节标题）	黑体，加粗，四号，居左，左顶格，1.5 倍行距，段前 10 磅，段后为 7 磅；末尾无标点符号

续表

层级的数字标识	标题层级	格式要求
1.1.1 （数字后面无标点符号）	三级 （小节标题）	黑体，加粗，小四号，居左，左顶格，1.5 倍行距，段前 7 磅，段后为 4 磅；末尾无标点符号
1）	四级	宋体，加粗，小四号，左空两格，段前 0 行，段后 0 行，1.5 倍行距；末尾无标点符号
（1）	五级	宋体，小四号，左空两格，段前 0 行，段后 0 行，1.5 倍行距

五级标题（子目标题）的编号为双括号加数字[即（1）（2）（3）等]，有两种使用情况：第一，标题末尾无标点符号，正文内容从下一行开始；第二，标题末尾加上句号，正文内容直接跟在句号后面。

5.2 参考文献的撰写规范与要求

5.2.1 参考文献的总体要求

（1）文献综述是学位论文必要的内容，没有文献综述的论文是不合格的，将教科书中的内容充作文献综述的论文是不合格的，全是与论文研究的问题、内容不相关的文献这样的综述也是不合格的。

（2）参考文献著录项目和著录格式遵照国家标准 GB/T 7714-2015 的规定执行。

（3）要根据论文研究问题和研究内容，来查阅并选择相关的国内外文献资料。所列参考文献应和论文内容密切相关，反映本领域最新的研究成果，并在正文中正确的标注引用。

（4）除少量经典书籍外，参考文献以期刊论文、学术会议为主。内部资料不能作为参考文献。

（5）参考文献数量要求。建议博士学位申请人的文献阅读量一般不少于 100 篇，其中外文文献一般不少于 2/3；近五年的论文一般不少于 1/3；学术期刊文献一般不少于 2/3。硕士学位申请人的文献阅读量一般不少于 40 篇，其中外文文献一般不少于 1/3；近五年的论文一般不少于 1/3；学术期刊文献一般不少于 2/3。学士学位申请人的文献阅读量一般不少于 20 篇，其中外文文献一般不少于 1/5；近五年的论文一般不少于 1/3；学术期刊文献一般不少于 2/3。建议尽量引用本领域的经典和重要文献。

（6）凡是论文中引用的文献内容一定要标注引用，所涉及的文献要在“参考文献”部分列出。

5.2.2 参考文献的分类与著录

1）参考文献的分类

文献资料源于国内外的学术期刊、学术会议、报纸、书籍、互联网等。文献类型及其标志代码参考国家标准 GB/T 7714-2015。表 5-3 给出了在论文中可引用的文献类别与标志代码。

表 5-3　参考文献的分类与代码

序号	文献类型	标志代码	序号	文献类型	标志代码
1	普通图书	M	8	标准	S
2	论文集	C	9	互联网	OL
3	期刊文章	J	10	数据库	DB
4	学位论文	D	11	专利	P
5	汇编	G	12	光盘	CD
6	报纸文章	N	13	磁带	MT
7	报告	R	14	磁盘	DK

2）参考文献的著录与排序

在“参考文献”部分，要列出参考文献，并对参考文献进行规范著录。参考文献的著录一般包括三类主要信息：作者名（或者责任人名）、文献名、文献的出处，每类信息之间以“.”分隔。

（1）参考文献中作者姓名一律采用“姓在前、名在后”的格式，当有多名作者（或者责任人）时，作者名之间用逗号分隔。

（2）外文文献作者的姓氏和名字之间用逗号隔开，姓氏用全称，名字用首字母大写加点号的方式缩写。比如，Michael Barclay，其中 Michael 为名，Barclay 为姓，参考文献列表中该作者应为 Barclay，M.。

（3）作者人数在 3 人以内的全部列出；3 人以上只写前 3 人再加“等”（英文文献则加 et al.）。

（4）文献名不用引号“”或者《》标识出来。

（5）参考文献表述中，全部使用半角分隔符号，例如“，”“.”“：”“-”等，而不采用全角或者中文的符号。

（6）参考文献的列表顺序与正文中引用参考文献的方式有关，采用“著者-出版年制”时，排列顺序为：英文文献在前，中文文献在后；英文文献按第一作者姓氏的英文字母顺序排列，中文文献按第一作者姓氏的汉语拼音排序。

5.2.3　参考文献的著录格式与举例

不同类型的参考文献，正文中有不同的引用方式，具体的参考文献著录格式有不同。采用“著者-出版年制”时，各类参考文献的具体著录格式如下。

1）图书

[序号] 作者. 出版年. 书名（第×版）[M]（英文书名的所有实词首字母均大写，其余字母小写）. 译者（如果有）. 出版地：出版者，起页-止页（可选）.

【示例 5-1】

[1] 陈晓萍，沈伟. 2018. 组织与管理研究的实证方法（第三版）[M]. 北京：北京大学出版社，330-332.

[2] Craig，C. S.，Susan，P. D. 1999. *International Marketing Research：Concepts and Methods*（2nd ed.）[M]. Chichester，UK：Wiley.

2）期刊论文

有卷（Vol），有期（No）时：

[序号] 作者. 出版年. 文章名（英文论文名正副标题的第一个单词首字母大写，其余字母小写）[J]. 期刊名（全称）（英文期刊名的所有实词首字母均大写，其余字母小写），卷号（期号）：起页-止页.

有卷（Vol），无期（No）时：

[序号] 作者. 出版年. 文章名（英文论文名正副标题的第一个单词首字母大写，其余字母小写）[J]. 期刊名（全称）（英文期刊名的所有实词首字母均大写，其余字母小写），卷号：起页-止页.

无卷（Vol），有期（No）时：

[序号] 作者. 出版年. 文章名（英文论文名正副标题的第一个单词首字母大写，其余字母小写）[J]. 期刊名（全称）（英文期刊名的所有实词首字母均大写，其余字母小写），（期号）：起页-止页.

【示例 5-2】

[1] 严建援，乔艳芬，秦凡. 2019. 产品创新社区不同级别顾客的价值共创行为研究——以 MIUI 社区为例[J]. 管理评论，31（2）：58-70.

[2] 焦媛媛，李智慧. 2020. 同侪影响的内涵、产生机理及其在管理学中的研究展望——基于社交网络情境[J]. 南开管理评论，23（1）：213-224.

[3] Jones，G. R. 1986. Socialization tactics，self-efficacy，and newcomers' adjustments to organizations[J]. *Academy of Management Journal*，29（2）：262-279.

[4] Venkatesh，V.，Speier, C.，Morris，M. G. 2002. User acceptance enablers in individual decision making about technology：Toward an integrated model[J]. *Decision Sciences*，33（2）：297-316.

[5] Oja，P.，Titze，S.，Kokko，S.，et al. 2015. Health benefits of different sport disciplines for adults：Systematic review of observational and intervention studies with meta-analysis[J]. *British Journal of Sports Medicine*，49（7）：434-440.

3）学位论文

[序号] 作者.年份.题名 [D]. 保存地点：保存单位.

【示例 5-3】

[1] 王致远. 2021. 基于沃森生物股权结构与内部人控制风险的案例研究[D]. 武汉：华中科技大学.

[2] Archive，D. G. 2007. Individual-technology fit：Matching individual characteristics and features of biometric interface technologies with performance[D]. USA：Georgia State University.

4）一般论文集

[序号] 作者. 出版年. 文章名（英文论文名正副标题的第一个单词首字母大写，其余字母小写）[C] //论文集名称（英文论文集名称的所有实词首字母均大写，其余字母小写）. 论文集编者，出版地：出版者：起页-止页.

【示例 5-4】

[1] 贾东琴，柯平. 2011. 面向数字素养的高校图书馆数字服务体系研究[C]// 中国图书馆学会年会论文集：2011 年卷. 中国图书馆学会，北京：国家图书馆出版社：45-52.

[2] Bell，N. E.，Barry，M. S. 1989. People as sculptors versus sculpture：The roles of personality and personal control in organizations[C]//Handbook of Career Theory. Arthur，M. B.，Hall, D. T.，Lawrence，B. S. Cambridge：Cambridge University Press：232-251.

5）专利文献

[序号] 专利申请者或所有者. 年份. 专利题名：专利国别，专利号[P]. 公告日期或公开日期.

【示例 5-5】

[1] 华南理工大学.2019. 基于熔融沉积 3D 打印的形状记忆聚合物合金及其制备方法：中国，110079010A[P].2019-08-02.

6）电子文献

[序号] 主要责任者. 年份. 文献名[文献类型标志/文献载体标志]. 电子文献出处或可获得地址，发表或更新日期[引用日期].

文献类型标志包括：数据库[DB]，计算机[CP]，电子公告[EB]，报告[R]。文献载体标志包括：互联网[OL]，光盘[CD]，磁带[MT]，磁盘[DK]。比如，[DB/OL] 联机网上数据是指在互联网数据库上搜集到的文献，如中国知网、百度百科等，当参考引用的文献资料来自这些渠道时，参考文献使用［DB/OL］。［EB/OL］网上电子公告就是从网上新闻、论坛等交流上搜集到的信息，当参考引用的文献资料来自这些渠道时，参考文献使用［EB/OL］。

【示例 5-6】

[1] 王明亮. 1998.关于中国学术期刊标准化数据库系统工程的进展[EB/OL]. http://www.cajcd.edu.cn/pub/wml.txt/980810-2.html，1998-08-16[1998-10-04].

[2] 中国互联网信息中心. 2013. 第 29 次中国互联网络发展状况统计报告[R/OL].http://www.cnnic.net.cn/hlwfzyj/hlwxzbg/201201/P020120709345264469680.pdf，2012-01-16[2013-03-26].

7）报刊文章

[序号] 作者. 年份. 篇名[N]（英文文章正副标题的第一个单词首字母大写，其余字母小写）. 报纸名（英文报纸名称的所有实词首字母均大写，其余字母小写），出版日期（版次）.

【示例 5-7】

[1] 李大伦. 1998. 经济全球化的重要性[N]. 光明日报，1998-12-27（3）.

[2] French，W. 1987. Between silience：A volice from China[N]. *Atlantic Weekly*，1987-8-15（4）.

5.2.4　参考文献引用的标注方法

1. 为什么要引用参考文献

在正文的文献综述部分、理论综述部分或其他合适的地方，会直接或间接引用到参考文献中的内容，这时就需要引用标注。所谓直接引用就是将参考文献中的句子或段落等内容直接引用过来，而间接引用就是用自己的语言将参考文献的主要内容概括地表达出来。

一般来说，引用参考文献的作用在于：说明本文的研究考虑过他人的研究工作、引导读者进一步了解更多的文献信息、展现作者的诚实和礼貌、避免被认为是剽窃。

2. 引用标注方法

参考文献的标注是指在正文中引用参考文献的地方加一个标记，引用标注必须满足特定的格式规范。

文献的引用标注有两种方法：顺序编码制和著者-出版年制。顺序编码制（numeric references method），亦称顺序法，参考文献表按正文中引用的次序排列，而在正文中的引用采用右角标标注。著者-出版年制（first element and date method），亦称年代法，参考文献表按著者字顺和出版年排序，而在正文中的引用采用著者-出版年标注。不管采用哪种方法，引用标注方法应与论文后面参考文献的排列方式相对应。

在一篇学位论文中，全文的参考文献引用标注方法，只选择一种，不能同时采用这两种方法。由于著者-出版年制不受引用次序的影响，所以建议采用著者-出版年制。以下仅介绍著者-出版年制的参考文献引用标注方法。

1）“著者-出版年制”引用标注要求

只需列出文献作者和文献出版的年份，无须在正文对参考文献进行顺序标号。正文中出现的文献与后续参考文献列表一一对应。

英文文献列出的应该是作者的姓氏而非名字。比如，作者全名是 Michael Barclay，其中 Michael 为名，Barclay 为姓，正文部分引用该作者的文献时，仅列出 Barclay（姓）即可。如果文献只有一位或者两位作者，需要全部列出来；如果有三位及以上作者，仅需列出第一位作者后加“等”。

2）“著者-出版年制”引用标注格式

方式一：文献作为句子的一部分被提及，在引用句子中，提到作者，用“作者（年份）”的结构。比如，“罗继祖（1958）的研究表明，……”；“Kim 等（2015）通过实证研究探讨了……”。

【示例 5-8】

Kraljic（1983）从物资的价值贡献和供应风险两个维度，将采购物资分为关键物资、重要物资、瓶颈物资和一般物资四类。

Arndt（1967）最早开始对口碑进行研究。Liu（2006）和 Walsh（2012）总结出口碑通常是由客户主动发起的，口碑营销（Word-of-Mouth Marketing）是首先通过企业发起，然后由客户来积极推动，以获得广泛的关注。

方式二：句子正文中无文献信息，文献在句后括号中被补充提及，则用“……（作者，年份）”的结构，即在引用句子中，介绍文献指出的事实、得到的结果和提出的观点，在句子末给出相应的来源。如果有多个文献得出类似结论，句末括号中按照首字母顺序列出所有作者信息，英文放在中文文献前面。

【示例 5-9】

Amazon.com 拥有近亿条由客户提供的对不同产品的 OCR，而消费者购物时依然抱怨不能找到有用的评论信息（Hu，2011）。

文献研究发现，顾客满意度和顾客忠诚度之间呈现高度相关关系（Homburg and Giering，2001）。

文献研究发现，顾客满意度和顾客忠诚度之间呈现高度相关关系（Bradley，2006；Homburg and Giering，2001；Kim et al.，2015；安贺新，2012；郑秋莹等，2014）。

方式三：以原作者的一段话为主体的句型。这种情况属于引述，就是直接将原作者的一段话引用过来。这时，需要将这段话加引号，并在引用时指出这段话在原文中所处的页码或页码范围。

【示例 5-10】

“一个公司的供应战略取决于二类因素：一是采购的战略重要性，包括……二是供应市场的复杂性，包括……（Kraljic，1983：2）”。

这里的数字 2 表示被引述的句子在被引用的文献第 2 页。

如果并不强调文献来源，而是强调文献研究的结论，或者某一结论有较多的若干文献支持，建议采用方式二。

在正文中引用了同一作者同一年的多篇不同文献时，在年份后面增加字母“a，b，…”，参考文献列表部分也做相应处理。例如，正文中的“张三（2010a）……”表示引用张三 2010 年的第 1 篇文献，“张三（2010b）……”表示引用张三 2010 年的第 2 篇文献。

5.3　图的格式要求

1）图的标识与编号要求

在正文中必须对图进行标识，图标识由两部分组成：图序 + 图名，两者缺一不可。例如，“图 3-1　XXX 公司组织结构图”即是一个图标识。

（1）图序（即图的编号）采用阿拉伯数字分章顺序编号，即“章序号-图序号”，如“图 3-1”指第 3 章中的第 1 张图。

（2）图名为一个短语，应采用标题式文句（避免采用叙述式文句），应能准确、简明地阐释该图的内容。图名后面不加标点。

（3）图序与图名置于图的下方，图序与图名间空两格。

（4）如果一个图由两个或两个以上分图组成时，各分图分别以（a）、（b）、（c）……作为图序，并须有分图名。

（5）若图是引用他人的，则要标注引用，即在图下方标注资料来源。

（6）图序与图名可以标识为“图目录”，在图目录中可以自动插入“图目录”。

2）图的引用

在正文中的图一定要在正文中引用，不要出现“上图”“下图”等的引用，正确的引用方法是在正文内容中，应明确指示出需要用到的图序。例如，在正文中，“如图 3-1 所示。”，或者“图 3-1 描述了……”。如有需要，应该对图的内容进行简要描述及分析。正文中要引用在先，图在后，比如，先有见图 1-1，然后再插入相应的图。

3）图的排版格式要求

（1）图一般是采用 Word 编辑的图形，也可采用 jpg 或者 WMF 格式的图片，要求清晰明确，位置居中。学位论文中不允许直接采用网页或者其余文献资料中的截图，尽量使用自己依据相关资料进行整理编辑处理的图片，且需注明数据来源。

（2）插图应以嵌入的方式放入文档，而不能设置为“浮于文字之上”等方式，否则，在不同的计算机系统，可能会发生图的错位。

（3）图应尽量与相应的文字靠近，根据排版可放在文字的下方或上方。各章节不能因为图的原因出现大段留白的现象。

（4）图中标注的文字采用宋体、五号字，以能够清晰阅读为标准。专用名词代号、单位可采用外文表示，坐标轴题名、词组、描述性的词语均须采用中文。

（5）图名为五号宋体，其中的英文或数字为 Times New Roman，居中排列，1.5 倍行距。

（6）若在图下方注明资料来源，则此部分用宋体五号字，居中，1.5 倍行距。

【示例 5-11】

图 5-1 展示了 TAM（Davis et al.，1989）和 TTF（Goodhue and Thompson，1995）的整合模型（Dishaw and Strong，1999）。在整合模型中，TTF 模型里的构念既可以作为 TAM 模型中感知易用性和感知有用性的前因，也可以直接影响对技术的实际使用。TTF 的使用可以帮助研究人员补充 TAM，进而推动管理者提供被认为有用且易于使用的工具。作为直接效应，任务特征和任务-技术匹配直接影响实际使用。这是 TTF 模型对整合模型的一个重要贡献。TAM 只是间接地考虑技术如何通过感知有用性和易用性来支持用户的态度。也就是说，TAM 关注的是用户的态度，不是技术支持用户执行任务的能力，而这又是 TTF 模型的核心焦点。

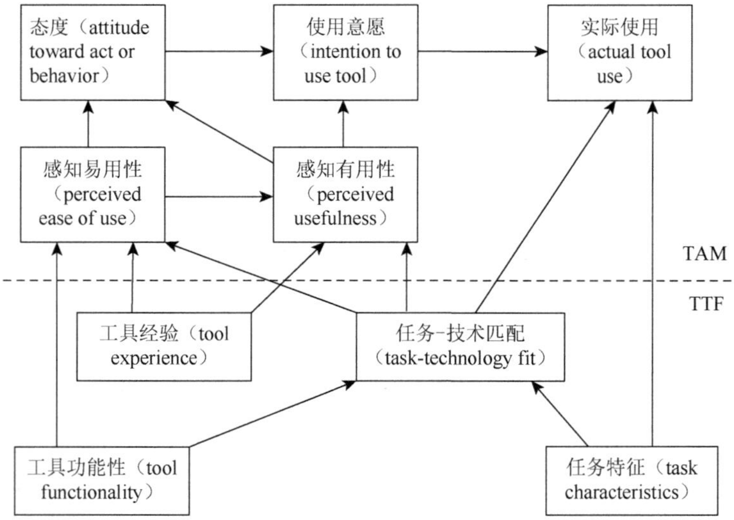

图 5-1　整合 TAM/TTF 模型

资料来源：Dishaw and Strong，1999

5.4　表格的格式要求

1）表格的标识与编号要求

在正文中必须对表进行标识，表格标识由两部分组成：表序 + 表名。例如，“表 4-1 XXX 公司成本结构表”即是一个表标识。

（1）表序（即表格的编号）采用阿拉伯数字分章顺序编号，即“章序号-表序号”，如“表 3-1”指第 3 章中的第 1 个表格。

（2）表名为一个短语，应采用标题式文句（避免采用叙述式文句）。表序与表名置于表格的上方，表序与表名间空两格。表名后面不加标点。

（3）使用三线格，上下两根线 1.5 磅，表头下 0.75 磅。

（4）若表是引用他人的，则要标注引用，即在表格下方标注资料来源。

（5）表的单位。表中有计量单位的数据，一般在表头加单位。整个表为同一单位时，单位可移至表的右上角。

（6）表序与表名可以标识为“表目录”，在表目录中可以自动插入“表目录”。

（7）除在正文中插入的一定数量的、重要的、关键的表格外，当论文相关的表格很多时，则将其他表格置于附录中。

2）表的引用

在正文中的表格一定要在正文中引用，不要出现“上表”、“下表”的引用，正确的引用方法是在正文内容中，应明确指示出需要用到的表序。例如，在正文中，“如表 3-1 所示。”，或者“表 3-2 显示，……”。如有需要，应该对表格的内容进行简要描述及分析。正文中要引用在先，表在后，如先有见表 1-1，然后再插入相应的表。

3）表的排版格式要求

（1）表序和表名为 5 号宋体，居中排列，1.5 倍行距。

（2）表格与下文之间留一空行。

（3）表单元格中的中文采用 5 号宋体字，英文和数字采用 5 号 Times New Roman 字体，单倍行距，单元格垂直对齐方式为“靠上”文字居中。表中参数应标明量和单位的符号。

（4）表标识要与表格放在同一页中，不能跨两页。

（5）同一张表格尽量不要分页。当表格较长，不能在一页内打印时，可以在另页表序前加“续”字即可，如“续表 3-2 量表的信效度测试”。

（6）表格应尽量与相应的文字靠近，根据排版可放在文字的下方或上方。各章节不能因为表格的原因出现大段留白的现象。

（7）若在表下方注明资料来源，则此部分用宋体五号字，居中，1.5 倍行距。需要续表时，资料来源注明在续表之下。

【示例 5-12】

表 5-4 列出了文献中关于价值的不同定义。学者考察了多个与“价值”相关的概念，如产品价值、关系价值、净价值、购买价值、交换价值、感知价值等（Sánchez-Fernández 和 Iniesta-Bonillo，2006）。

表 5-4 消费价值相关研究

作者	定义	维度	前置变量	结果变量	研究情境
Sheth 等（1991）	解释了消费者选择购买或不购买（或使用或不使用）特定产品或品牌的原因	功能价值、社交价值、情感价值、认识价值、条件价值	无	无	香烟行业
Chang 和 Tseng（2010）	顾客对自己在特定购买或使用情况下从销售商那里得到什么的判断或评估	功能价值、社交价值、情感价值、认识价值、条件价值	服务质量、感知风险	无	网上银行
Andrews 等（2007）	影响顾客选择产品或服务的原因	功能价值、社交价值、条件价值	无	无	虚拟消费环境
Williams 和 Soutar（2009）	无明确定义	功能价值、情感价值、社交价值、认知价值	顾客满意度	行为意愿	冒险旅游
Kim 等（2011）	基于所收到的和给予的，顾客对产品/服务效用的总体评估	功能价值、情感价值、社交价值	无	购买意愿	社会网络社区
Rintamäki 等（2006）	顾客想要并相信他们从购买和使用卖方产品中得到的东西	实用价值、社交价值、享乐价值	无	无	百货商店
Huré 等（2017）	无明确定义	实用价值、社交价值、享乐价值	无	全渠道购物价值	全渠道
Iyer 等（2018）	消费者基于所收到的和给予的，对产品/服务效用的总体评估	功能价值、享乐价值、社交价值	无	顾客满意度	移动 App 购物
Carlson 等（2019）	无明确定义	功能价值、关系价值、情感价值、实体价值	顾客参与	品牌关系绩效	社交媒体的品牌社区

5.5 公式的撰写要求

1）公式撰写要满足的原则

在学位论文正文中，除了文字描述，还会出现公式和符号，其撰写需要满足一些基本原则（吴子牛等，2020）。①全文一致性原则：在整篇论文中，相同的符号和相同的公式只代表一个含义。②空间适配原则：不宜将足够长或体型巨大的公式放在一行文字中，应单独居行，且公式与上下行之间要留有适当的空格。③公式精简原则：若公式太长，则用符号表示其中的一些项，将公式缩短。④编号引用原则：若公式需要在正文中被引用，则应单独放一行，并给予编号。⑤公式与符号的可理解原则：对公式及其中的符号，给出足够的解释，让读者可以理解，必要时对公式的意义进行解释。

2）公式的编号要求及其引用

（1）公式编号按章顺序编号，由“章序号-公式序号”，如“4-1”表示第 4 章中的第 1 个公式。公式编号在公式的行末列出。

（2）只需对论文中重要的、需要引用的公式进行编号。

（3）公式中出现的符号或者变量等，要在公式后的第 1 行进行说明。例如，“其中：x 表示……；y 表示……”。

（4）在论文中，不同的量必须用不同的符号表示，不得一符多义，含义相同的量必须用同一符号表示。

（5）在正文中引用公式时，不要出现“下式”“上式”的引用，正确的引用方式是：“式（3-1）……，”“……见式（3-1）”。

3）公式的排版格式

（1）公式整行右对齐；调整公式与公式序号间的距离，使公式部分居中显示。

（2）公式之间及上下文间设置半行间距，也可适当调整，保证格式协调、美观。

【示例 5-13】

项目净现值是指在项目执行的所有时间段内将现金流入量和现金流出量按一定的基准收益率（或折现率）折现到项目开始时刻的现值的差额，具体计算如式 2-1 所示。

$$\mathrm{NPV} = C_0 + \sum_{t=1}^{n} \frac{C_t}{(1+r)^t} \tag{2-1}$$

式（2-1）中，NPV 代表项目净现值；C_0 代表项目开始时刻的现金流的净值；C_t 代表 t 时刻项目现金流的净值；n 代表项目现金流的折算周期；r 代表基准收益率或折现率（梁洋洋，2017）。

第 6 章　学位论文写作伦理

“伦理”一词通常包含两种含义：第一种含义是指管理个人或者群体的行为原则。当提到学位论文写作应当遵循一定规范时，就使用写作伦理这个词；第二种含义是对道德的研究（曼纽尔·G.贝拉斯克斯，2013）。道德是指个人或者群体对善与恶，对与错，正义与邪恶的标准。伦理是以道德为研究对象的学术研究。例如，在商业活动中，企业或者个人应当遵循哪些道德规范，秉持何种价值观。这些属于商业伦理的范畴。本章所称“写作伦理”包括这两种含义。学位论文写作不仅需要遵循一定的学术规范，而且应当坚持社会主义核心价值观。

清华大学朱邦芬院士认为科研行为可以分成三种类型：负责任的科研行为（responsible conduct in research）、科研不当行为（questionable research practice）和科研不端行为（misconduct）（朱邦芬，2019）。朱邦芬院士将负责任的科研行为解释为“对人民负责，对公众负责”，对“国家的长远发展负责”。对于学位论文而言，负责任的科研行为是学生对自己负责，遵守公认的学术准则，恪守学术诚信。每一篇学位论文要能够经受住时间的检验，不能出现学术不端行为。

学术不端行为，是指违反公认的学术准则或者违背学术诚信的科学研究行为（教育部，2016）。国务院学位委员会和教育部强调“对学术不端行为，坚持‘零容忍’，一经发现坚决依法依规、从快从严进行彻查”（国务院学位委员会和教育部，2020）。由于学术不端行为触犯了公认的学术准则底线，所以每一个学生在撰写学位论文的过程中，应当避免学术不端行为。

学术不当行为是指不构成学术不端但不完全符合学术准则的科学研究行为。产生学术不当行为的原因可能是缺乏学术经验，也可能是疏忽大意。例如，由于疏忽大意，将需要引用的观点错误标注了引用文献。这种引用不当行为违反了学术准则，需要予以更正。由于是作者的疏忽大意，所以属于学术不当行为，而不构成学术不端行为。

6.1　负责任的科研行为

朱邦芬院士认为负责任的科研行为最基本的要求是实事求是和科研诚信（朱邦芬，2019）。在论文撰写过程中，作者应当实事求是：不能篡改数据，不能选择性汇报研究结果，不能隐瞒不喜欢的发现或者结论。学位论文基本上是在学习、借鉴和评判现有文献的基础上完成的。在论文写作过程中，作者需要厘清哪些观点或者资料源于现有文献，哪些属于作者独立完成。尊重其他作者，合理引用现有文献，实事求是地汇报作者的贡献是科研诚信的基本要求。

一篇学位论文应当是一件受法律保护的作品。根据《中华人民共和国著作权法》第三条的规定："本法所称的作品，是指文学、艺术和科学领域内具有独创性并能以一定形式表现的智力成果，包括：（一）文字作品；（二）口述作品；（三）音乐、戏剧、曲艺、舞蹈、杂技艺术作品；（四）美术、建筑作品；（五）摄影作品；（六）视听作品；（七）工程设计图、产品设计图、地图、示意图等图形作品和模型作品；（八）计算机软件；（九）符合作品特征的其他智力成果。"与此同时，《中华人民共和国著作权法》第二十四条规定："在下列情况下使用作品，可以不经著作权人许可，不向其支付报酬，但应当指明作者姓名或者名称、作品名称，并且不得影响该作品的正常使用，也不得不合理地损害著作权人的合法权益：（一）为个人学习、研究或者欣赏，使用他人已经发表的作品；（二）为介绍、评论某一作品或者说明某一问题，在作品中适当引用他人已经发表的作品；（三）为报道新闻，在报纸、期刊、广播电台、电视台等媒体中不可避免地再现或者引用已经发表的作品；（四）报纸、期刊、广播电台、电视台等媒体刊登或者播放其他报纸、期刊、广播电台、电视台等媒体已经发表的关于政治、经济、宗教问题的时事性文章，但著作权人声明不许刊登、播放的除外；（五）报纸、期刊、广播电台、电视台等媒体刊登或者播放在公众集会上发表的讲话，但作者声明不许刊登、播放的除外；（六）为学校课堂教学或者科学研究，翻译、改编、汇编、播放或者少量复制已经发表的作品，供教学或者科研人员使用，但不得出版发行；（七）国家机关为执行公务在合理范围内使用已经发表的作品；（八）图书馆、档案馆、纪念馆、博物馆、美术馆、文化馆等为陈列或者保存版本的需要，复制本馆收藏的作品；（九）免费表演已经发表的作品，该表演未向公众收取费用，也未向表演者支付报酬，且不以营利为目的；（十）对设置或者陈列在公共场所的艺术作品进行临摹、绘画、摄影、录像；（十一）将中国公民、法人或者非法人组织已经发表的以国家通用语言文字创作的作品翻译成少数民族语言文字作品在国内出版发行；（十二）以阅读障碍者能够感知的无障碍方式向其提供已经发表的作品；（十三）法律、行政法规规定的其他情形。前款规定适用于对与著作权有关的权利的限制。"因此，负责任的科研行为首先应符合我国著作权法的相关规定，遵守以下行为规范。

1）独立完成学位论文

"独创性"的首要条件是作者独立创作作品。学位论文是学位申请人独立完成，而不是抄袭他人作品。《学位论文作假行为处理办法》（教育部令第 34 号）第四条明确规定"学位申请人员应当恪守学术道德和学术规范，在指导教师指导下独立完成学位论文"。（教育部，2012）不是作者独立完成的学位论文，可能构成学位论文作假行为。例如，购买学位论文，由他人代写学位论文，剽窃他人作品，伪造数据，均属于学位论文作假行为。

2）适当的智力创造性

"独创性"的另一个条件是适当的智力创造性。在学位论文写作过程中，作者需要投入必要的智力性劳动和智力判断。学位论文体现了作者最低限度的创造性，而不是简单的资料汇编或者模仿。例如，通过更换数据，简单地重复现有文献的研究内容和结论。由于缺乏最低限度的创造性，所以此类学位论文不具有"独创性"，不构成作品。

3）合理引用

在学位论文写作过程中，作者为了介绍、评论某一作品或者说明某一问题，可以适当引用他人已经发表的作品，可以不经著作权人许可，也不需要向其支付报酬。根据《中华人民共和国著作权法》第二十四条的规定，作者在引用他人已经发表的作品时必须尊重他人的著作权，即应当指明作者姓名或者名称、作品名称，不得影响该作品的正常使用，也不得不合理地损害著作权人的合法权益。

6.2 学术不端

学术不端行为是严重违反学术准则或者违背学术诚信的行为。2019 年 5 月 29 日，国家新闻出版署发布了《学术出版规范 期刊学术不端行为界定》（CY/T 174-2019），对学术期刊论文出版过程中各类学术不端行为的判断和处理做出了规定。此外，《高等学校预防与处理学术不端行为办法》（教育部令第 40 号）第二十七条明确规定的学术不端行为。学位申请人在撰写学位论文过程中应当避免学术不端行为。

1）剽窃、抄袭、侵占他人学术成果

这三种行为的共同特征是将他人的作品当作自己的学位论文，不同之处在于使用的手段有所差异。剽窃的字面含义是盗窃，或者窃取。剽窃是指窃取他人作品的思想和表达作为自己学位论文。抄袭是指学位论文照抄他人的作品，并且学位论文与他人作品构成实质性相似。侵占他人学术成果，是指以非法占有为目的，将他人创作的作品占为己有并进行署名的行为。

2）篡改他人研究成果

将他人作品中数据、方法和研究结论进行篡改，也属于学术不端行为。篡改他人研究成果的目的或者动机可能多种多样。例如，为了避免构成抄袭行为，故意篡改他人作品中的数据或者研究样本，将修改后内容作为自己学位论文。再如，为了在学位论文中开展讨论，篡改他人作品的研究结论，突出学位论文研究结论的创新性。篡改他人研究成果不仅构成学术不端行为，而且不尊重他人作品，侵犯了他人的著作权。

3）伪造科研数据、资料、文献、注释，或者捏造事实、编造虚假研究成果

伪造、捏造和编造均是故意为之，属于欺诈行为。在学位论文撰写过程中，经常会遇到研究结论与理论假设不一致的情况。例如，为了得到理想的研究结果，注意编造数据、修改数据或者选择数据。在数据分析过程中，存在着所谓“p 值操纵”（p-hacking）（李武等，2020）。现象或者冲动——通过操控数据或者伪造数据的方式，使研究结果达到显著性。修改原始数据、篡改分析结果、编造虚假研究结论均属于学术不端行为。

4）多人共同完成研究而在成果中未注明他人工作、贡献

学位论文是在导师的指导下完成的。有时候，一位导师可能指导多位学生，围绕同一主题展开研究。在分工合作的情况下，学位申请人应当与指导老师积极沟通，合理确定不同学生学位论文的研究对象和研究内容。在学位论文中，学位申请人应明确说明共

同完成研究的实际情况，注明他人的工作与贡献，不得将他人的工作或者贡献作为自己的工作。

5）申请学位过程中提供虚假学术信息

在申请学位过程中，学位申请人需要向学位授予单位提供一些学术信息。学位申请人应当如实提供真实信息，不得提供虚假学术信息。例如，虚构国外学术交流经历，谎称参加学术会议做主题发言。

6）买卖论文、由他人代写或者为他人代写论文

买卖学位论文，或者由他人代写学位论文，均属于学术不端行为。

6.3　写作伦理自我评价表

为了鼓励负责任的科研行为，禁止学术不端行为，避免学术不当行为，本书提供了学位论文写作伦理自我评价表，如表 6-1 所示。学位论文申请人可以从学术诚信、学术不端和学术不当三个维度进行自我评估。如果存在学术不端行为，那么学位论文申请人需要格外小心。在消除学术不端行为之后，再提交学位论文申请。

表 6-1　学位论文写作伦理自我评价表

类型	行为	含义	是否存在
学术诚信	独立完成	学位论文由学位申请人独立完成	
	没有抄袭	学位论文申请人没有以任何形式抄袭他人作品	
	适当智力创造性	学位申请人对学位论文投入了必要的智力劳动和智力判断	
	合理引用	为介绍、评论某一作品或者说明某一问题引用他人作品，指明作者和作品名称，不影响该作品正常使用，不损害著作权人的合法权益	
学术不端	剽窃、抄袭、侵占	剽窃、抄袭、侵占他人学术成果	
	篡改	篡改他人研究成果	
	伪造、捏造、编造	伪造科研数据、资料、文献、注释，或者捏造事实、编造虚假研究成果	
	未注明他人工作、贡献	多人共同完成的研究，在成果中未注明他人工作、贡献	
	提供虚假学术信息	申请学位过程中提供虚假学术信息	
	买卖论文、他人代写	买卖论文、由他人代写或者为他人代写论文	
学术不当	引用不当	由于疏忽大意，对他人作品或者观点没有引用，或者过度引用	
	图片误用	由于疏忽大意，对来自其他作品的图片没有说明，或者自制图片不规范或者重复使用	

参 考 文 献

贝尔. 2013. 社会科学研究的基本原则（第 4 版）[M]. 乔鹤等译. 北京：北京大学出版社.

陈程. 2021. 预判发货背景下的发货量和产品定价决策研究[D]. 武汉：华中科技大学.

陈凡. 2021. 非营利组织参与扶贫价值实现策略研究[D]. 武汉：华中科技大学.

丁龙. 2020. RFID 技术对灰色市场的影响及博弈机制研究[D]. 武汉：华中科技大学

董升平. 2008. 企业人-任务互动的集成模拟研究[D]. 武汉：华中科技大学.

国务院学位委员会，教育部. 2020. 关于进一步严格规范学位与研究生教育质量管理的若干意见[EB/OL]. http://www.moe. gov.cn/srcsite/A22/moe_826/202009/t20200928_492182.html[2020-09-28].

韩晓宇. 2023. 管理层团队经验对企业风险承担能力影响及其作用机制研究[D]. 武汉：华中科技大学.

胡斌,余良,胡森.2021.物联网环境下城市环卫管理组织架构变革：以深圳为例[M]. 北京：科学出版社.

胡鹏. 2023. 智能语音商务中的类人线索、关系体验与用户行为研究[D]. 武汉：华中科技大学

胡森. 2019. 物联网环境下电商渠道组织结构与决策研究[D]. 武汉：华中科技大学.

教育部. 2012. 学位论文作假行为处理办法[EB/OL]. http://www.moe.gov.cn/srcsite/A02/s5911/ moe_621/201211/t20121113_170437.html[2012-11-13].

教育部. 2016. 高等学校预防与处理学术不端行为办法[EB/OL]. http://www.moe.gov.cn/srcsite/A02/ s5911/moe_621/201607/t20160718_272156.html[2016-06-16].

靳娟，梁喜生. 2017. 管理类学术论文写作概论[M]. 北京：北京邮电大学出版社.

经济合作与发展组织. 2013. 专利统计手册[M]. 高昌林译. 北京：科技文献出版社.

李平，曹仰锋. 2012. 案例研究方法：理论与范例——凯瑟琳 • 艾森哈特论文集[M]. 北京：北京大学出版社.

李武，毛远逸，肖东发. 2020. 学位论文写作与学术规范（第 2 版）[M]. 北京：北京大学出版社.

梁洋洋. 2017. 考虑鲁棒性的资源受限项目调度问题净现值研究[D]. 武汉：华中科技大学.

罗伯特 • K. 殷. 2010. 案例研究：设计与方法[M]. 周海涛，史少杰译. 重庆：重庆大学出版社.

罗伯特 • K. 殷. 2017. 案例研究方法的应用（第 3 版）[M]. 周海涛，夏欢欢译. 重庆：重庆大学出版社.

曼纽尔 • G. 贝拉斯克斯. 2013. 商业伦理概念与案例（第 7 版）[M]. 刘刚，程熙镕译. 北京：中国人民大学出版社.

彭春. 2017. 不确定性下应急医疗服务设施选址决策[D]. 北京：北京理工大学.

瑟琳 • 马歇尔，格雷琴 • B. 罗斯曼. 2015. 设计质性研究：有效研究设计的全过程指导（第 5 版）[M]. 何江穗译. 重庆：重庆大学出版社.

宋奕. 2018. 智能环境下众包物流企业员工组织行为与运作的仿真研究[D]. 武汉：华中科技大学.

汪忠瑞. 2021. 总量管制与排放交易政策规定下的低碳供应链碳减排策略研究[D]. 武汉：华中科技大学

吴子牛，白晨媛. 2022. 学位论文写作[M]. 北京：北京航空航天大学出版社.

肖汝莉. 2022. 新冠疫苗专利权与公共健康冲突下的药企专利策略研究[D]. 武汉：华中科技大学.

熊瑶. 2021. 人工智能下作品管理模式创新及风险研究[D]. 武汉：华中科技大学.

袁茂. 2023. 供应链竞争环境下独家销售与直销渠道构建策略研究[D]. 武汉：华中科技大学.

张雅. 2023. 消费者社群团购三阶段行为意愿的驱动因素研究[D]. 武汉：华中科技大学.

周空. 2021. 领导自恋对团队突破性创造力的作用效果及影响机制研究[D]. 武汉：华中科技大学.

朱邦芬. 2019. 学术之道始于走正道，清华大学学术委员会工作动态[EB/OL]. https://www.tsinghua.edu.

cn/xswyh/info/1020/1035.htm [2019-04-04].

朱丽叶 • M. 科宾，安塞尔姆 • L. 施特劳斯. 2015. 质性研究的基础：形成扎根理论的程序与方法（第 3 版）[M] .朱光明译. 重庆：重庆大学出版社.

Borgstedt P，Neyer B，Schewe G. 2017. Paving the road to electric vehicles–a patent analysis of the automotive supply industry[J]. Journal of Cleaner Production，167：75-87.

Chun Y T，Ping H T. 2013. Patent analysis for technology development of artificial intelligence：A country-level comparative study[J]. The Innovation，15（4）：463-475.

Fan Z，Xian Z. 2014. Patent activity analysis of vibration-reduction control technology in high-speed railway vehicle systems in China[J]. Scientometrics，100（3）：19-29.

Goeldner M，Herstatt C，Tietze F. 2015. The emergence of care robotics–A patent and publication analysis[J]. Technological Forecasting and Social Change，92：115-131.

Hunt D，Nguyen L，Rodgers M. 2013. 专利检索：工具与技巧[M]. 陈可南译. 北京：知识产权出版社.

Kim J，Daim T U. 2014. A new approach to measuring time-lags in technology licensing：Study of US academic research institutions[J]. Journal of Technology Transfer，39（5）：748-773.

Porter A L，Cunningham S W. 2012. 技术挖掘与专利分析[M]. 陈燕等译. 北京：清华大学出版社.

Tseng C Y，Ting P H. 2013. Patent analysis for technology development of artificial intelligence：A country-level comparative study[J]. Innovation，15（4）：463-475.

Whetten D A. 1989. What constitutes a theoretical contribution？[J]. Academy of Management Review，14（4）：490-495.

Yuan X，Cai Y. 2021. Forecasting the development trend of low emission vehicle technologies：Based on patent data[J]. Technological Forecasting and Social Change，166：120651.

Yuan X，Li X.2021. The evolution of the industrial value chain in China's high-speed rail driven by innovation policies：A patent analysis[J]. Technological Forecasting and Social Change，172：121054.